O corpo reflete o seu drama
Somatodrama como abordagem psicossomática

Dados Internacionais de Catalogação na Publicação (CIP)
(Câmara Brasileira do Livro, SP, Brasil)

Freire, Christina A.
  O corpo reflete o seu drama: somatodrama como abordagem psicossomática / Christina A. Freire – São Paulo: Ágora, 2000.

  Bibliografia.
  ISBN 978-85-7183-781-2

  1. Corpo e mente 2. Medicina psicossomática 3. Psicodrama I. Título.

00-2627   CDD-150.198

Índice para catálogo sistemático:

1. Somatodrama : Técnica psicodramática :
   Métodos psicanalíticos : Psicologia 150.198

Compre em lugar de fotocopiar.
Cada real que você dá por um livro recompensa seus autores
e os convida a produzir mais sobre o tema;
incentiva seus editores a encomendar, traduzir e publicar
outras obras sobre o assunto;
e paga aos livreiros por estocar e levar até você livros
para a sua informação e o seu entretenimento.
Cada real que você dá pela fotocópia não autorizada de um livro
financia o crime
e ajuda a matar a produção intelectual em todo o mundo.

O corpo reflete o seu drama
Somatodrama como abordagem psicossomática

Christina A. Freire

ÁGORA

O CORPO REFLETE O SEU DRAMA
Somatodrama como abordagem psicossomática
Copyright © 2000 by Christina A. Freire
Direitos desta edição reservados por Summus Editorial

Capa: **Ana Lúcia Marcondes**
Editoração eletrônica: **Acqua Estúdio Gráfico**

Editora Ágora
Departamento editorial:
Rua Itapicuru, 613 – 7º andar
05006-000 – São Paulo – SP
Fone: (11) 3872-3322
Fax: (11) 3872-7476
http://www.editoraagora.com.br
e-mail: agora@editoraagora.com.br

Atendimento ao consumidor:
Summus Editorial
Fone: (11) 3865-9890

Vendas por atacado:
Fone: (11) 3873-8638
Fax: (11) 3873-7085
e-mail: vendas@summus.com.br

Impresso no Brasil

De corpo e alma

Envolvida por intensa emoção, lado a lado com você, autorizamos o profundo mergulho. Por segundos, a quietude se fez no olho do furacão. Podemos ouvir o silêncio do pulsar da nossa respiração. Estávamos prestes a atravessar a estreita passagem entre as sensações corporais e a sua representação psíquica, que poderia agora ser simbolizada e verbalizada.

Passamos do real ao imaginário, do ato à criação e, no "aqui e agora", pudemos reconhecer cada emoção presentificada, da imagem refletida à expressão do drama que é vida, vida vivida, momento único, encontro, inclusão.

A autora

Índice

Prefácio 9

Introdução 11

1. Contribuições da psicossomática e do psicodrama ao somatodrama 21

2. Psicodrama – Filosofia e método: como o somatodrama concebe a totalidade – "o encontro" 31

3. Teorias psicodramáticas de desenvolvimento e suas contribuições à proposta teórica do somatodrama 43
   - *Processo do desenvolvimento da identidade corporal* 46
   - *Outros enfoques psicossomáticos* 56
   - *Considerações e suposições teóricas* 59

4. O corpo revela o seu drama: somatodrama 63
   - *Uma abertura ao ato criativo* 69

5. O método de ação psicodramática nos sintomas e nas doenças orgânicas – Somatodrama: "Tudo tem seu tempo" 79

6. Somatodrama: magia e mito. Há um tempo para viver
   e outro para morrer 97

Epílogo: Sou criador e criatura, compartilhando
   e comentando 107

Glossário 111

Bibliografia 119

Prefácio

"O estudo das imbricações do funcionamento mental e corporal ao longo do desenvolvimento individual constitui o objeto por excelência da pesquisa psicossomática." Esta é afirmação do médico e psicanalista francês Pierre Marty, cujas proposições teóricas se apresentam, hoje em dia, como referência *up-to-date* ao entendimento do tema.

P. Marty introduz os termos "alexitimia" e "pensamento operatório", por onde se abre interessante perspectiva para compreensão e aprofundamento das hipóteses pelas quais é a experiência emocional a responsável por estabelecer o vínculo corpo e mente. Alexitimia refere-se à ausência de palavras para nomear e descrever as emoções, e pensamento operatório, à dificuldade de o sujeito pensar, sentir e expressar suas emoções, resultando numa ideação dura, objetiva, econômica e exclusiva para operar a fala. Não há espaço para a digressão, a fantasia, o sonho, as idealizações e o devaneio. Há, sim, o medo de amar e perder-se no relacionamento com o que é humano. Alexitimia e pensamento operatório constituem o perfil do paciente psicossomático.

No exercício do livre pensar poderíamos imaginar esse paciente consultando-se com um médico cuja filosofia clínica fosse a do pensamento operatório e a da alexitimia, formando uma relação interpessoal operatória (o famoso pragmatismo), de modo a não permitir o desenvolvimento pleno, afetuoso, expansivo e saudável do consultante. "Duro com duro não faz bom muro", diz o adágio popular.

Relembro essas coisas já conhecidas para ressaltar e elogiar o empenho de Maria Christina Freire em trazer a lume, com este oportuno livro, as promessas do psicodrama nessa área. Por sua leitura, vamos ter confirmado o valor do trabalho psicodramático, em cuidar da quantidade e da qualidade das representações mentais e seus afetos, dispondo-as para a evocação, para a ressignificação, para a ampliação de suas redes comunicacionais (inter e intrapsíquicas) e, principalmente, para trazer à tona as emoções expressivas. Tudo por meio das teorias dos papéis, do momento, da espontaneidade, da sociometria e da teoria da "segunda vez", em que se dramatiza para desdramatizar.

Com muita sensibilidade, a autora expõe a conclusão da pesquisa feita em sua clínica, de modo persistente e dedicado, permitindo-lhe dar contribuição terapêutica relevante e de resultados palpáveis. Christina conquista significativa posição dentro do movimento psicossomático brasileiro, mérito que há muito lhe cabia, para orgulho de nós psicodramatistas.

Como sou de opinião de que o psicodrama ainda está na fase de mostrar a que veio, tarefa que se completará no século entrante, vejo o "somatodrama" como o feliz início de uma resposta e de uma proposta séria na seara médica.

Agradeço a Christina a honra de prefaciá-la e faço votos para que a sua iniciativa pioneira continue recebendo adubo e água farta, rompendo em colheita de flores, frutos e sementes selecionadas. E que as raízes se firmem, produzindo boas cepas.

Wilson Castello de Almeida

Introdução

Em 1982, apresentei no Instituto Sedes Sapientiae o trabalho monográfico para titulação de Terapeuta de Aluno em Psicodrama: "Uma contribuição psicodramática às vivências psicossomáticas". Esse trabalho já vinha sendo acalentado por mim há muito tempo: como compreender, por meio do psicodrama, sintomas e doenças orgânicas quando surgiam como foco central de um processo psicoterápico.

A motivação para realizá-lo surgiu diante do estado de impotência em que sempre me encontrava quando recebia, de médicos amigos, encaminhamentos de pacientes que traziam como queixas somente seus sintomas e suas doenças orgânicas.

Como trazer à cena uma dor tão intensa era sempre a minha questão, pois notava nos atendimentos a esses pacientes que sua forma de comunicação verbal era bastante empobrecida, restringindo-se a relatar experiências com seus sintomas e doenças no nível de suas vivências corporais, como, por exemplo, dores variadas, dificuldades de locomoção e outros impedimentos, sempre acompanhados de uma urgência na sua resolução, o que era bastante justificável, pois se encontravam expostos a sofrimento físico e medo da morte. Quando solicitados a uma ação dramática, na maioria das vezes colocavam empecilhos devidos às suas dores e limitações físicas.

Diante dessa situação, e não suportando minha impotência e falta de recursos para lidar com esses pacientes, saí à procura de um caminho pelo qual pudesse seguir, que me respondesse às perguntas que, a todo momento, surgiam em minha mente.

Será que quando adoecemos fisicamente ficamos mergulhados e aprisionados em nosso universo de sensações corporais? A permanência nesse universo nos colocaria em contato com sensações cenestésicas que são geralmente vivenciadas por nós em períodos bastante regredidos, quando somos ainda muito pequenos e não adquirimos a capacidade de nos comunicar pela fala? Poderíamos então, por meio das teorias do Desenvolvimento Psicodramático do Núcleo do Eu e da Matriz de Identidade, compreender melhor essas experiências cenestésicas quando são vivenciadas através dos sintomas e doenças orgânicas?

Seguindo por esse caminho, pouco a pouco levantei questões tais como: pessoas que experienciaram vivências traumáticas ou ausência de vivências nas experiências cenestésicas no período de desenvolvimento da Matriz Original de Identidade, de zero a dois anos, ou seja, na formação do Núcleo Egóico, poderiam ter uma probabilidade maior de, em etapas posteriores do seu desenvolvimento, diante de situações de tensão e conflitos, expressar-se e entrar em relação com o ambiente através da vivência sensível dos sintomas e das doenças orgânicas, lançando mão, assim, do pseudopapel de doente?

Foi correlacionando a Teoria da Matriz de Identidade e a do Núcleo do Eu, que fui compreendendo que, provavelmente, o núcleo constitutivo das vivências psicossomáticas poderia ser localizado nesse período do desenvolvimento infantil. Essa probabilidade vinha me mostrar que o desenvolvimento e o reconhecimento de uma Imagem Corporal por parte da criança, nesse período, poderiam ser o fator responsável pela posterior aquisição de uma Identidade Corporal, fator essencial para a organização e equilíbrio do corpo físico.

Nesse momento, Naffah (53) colabora de forma efetiva em minha pesquisa, quando expõe sua idéia do significado do corpo no psicodrama, fechando para mim uma cadeia compreensiva sobre o desenvolvimento da Identidade Corporal, e de como cada etapa da Matriz de Identidade e do Núcleo do Eu vão dando a possibilidade, através do corpo e suas vivências cenestésicas, de podermos atingir um estado de ampliação da consciência.

Isso me tornou possível viabilizar mecanismos de ação psicodramáticos que poderiam dar à pessoa doente a possibilidade de re-matrizar, ou seja, de vivenciar psicodramaticamente, por meio de experiências cenestésicas, etapas do seu desenvolvimento e, assim, chegar a uma Identidade Corporal e a um estado ampliado de consciência:

Corpo parcial – sinto, logo sou
Corpo pessoal – penso, logo existo
Corpo simbólico – percebo, logo crio

Esse caminho me fez chegar a uma nova proposta para aplicação do psicodrama a pessoas que se vêem impedidas de se expressar, no cenário psicodramático, pela verbalização ou pela movimentação do seu corpo, reconhecendo nesse impedimento uma abertura e a possibilidade de mergulhar em seu mundo interno, tendo seu corpo como cenário do drama que é protagonizado pelos órgãos ou sistemas cristalizados, os quais irão se expressar pelos sintomas e doenças orgânicas.

Cada capítulo deste livro traduz o caminho por onde fui construindo, ao longo de vinte anos, por meio da compreensão teórica de minha prática, uma proposta de Ação Psicodramática para quando surgem sintomas e doenças orgânicas como ponto focal no processo psicoterápico. Essa nova proposta é o *Somatodrama*.

O corpo revela o seu drama – Somatodrama

O rápido desenvolvimento tecnológico que se seguiu à Revolução Industrial levou o ser humano a pagar um preço muito alto, pois o afastou de sua natureza biológica e, como conseqüência, houve a perda das fontes espirituais que o alimentavam na sua essência de vida.

Essas aceleradas ascensão e evolução da ciência materialista e tecnológica distanciaram o ser humano de aspectos fundamentais que o ligam à sua natureza, aspectos que poderíamos chamar de seu tripé: o nascimento, a sexualidade e a morte. (63)

A repressão e a rejeição que o levam a não se aprofundar nessas questões condenam-no a uma inconsciência de sua essência espiritual; e, com ela, a uma sensação de não fazer parte do cosmos. Ao não conseguir viver dessa forma, totalmente solitário e alienado, o ser humano cria explicações racionais ateístas ou as substitui por práticas religiosas superficiais de pouco efeito aplacador para suas dores e angústias.

No início do século XX, a psicologia profunda, inspirada em Sigmund Freud, questionada e ampliada por seus seguidores e opositores, como Reich, Jung, Moreno, Adler e muitos outros, causou uma revolução sexual e modificou radicalmente a compreensão da vida instintiva, das atitudes e dos relacionamentos humanos. Nesse despertar surge novamente a preocupação de estudar as questões e os problemas psicológicos, ligados à natureza do ser humano.

A partir dos anos 60, marco de aceleração e agravamento da destruição da humanidade, quando o avanço das conquistas tecnológicas e científicas não parece suficiente para conter doenças como o câncer e a Aids, estudiosos de diferentes áreas deram um novo impulso, redescobrindo e revalorizando antigos ensinamentos descritos em livros sagrados e clássicos das culturas pré-industriais e antigas.

Ampliada assim sua consciência, o homem e a mulher modernos se vêem na necessidade de reavaliar sua visão como seres humanos no mundo. O que significa ser um humano consciente? Hoje, modernos conceitos da filosofia, da física e da psicologia afirmam que sermos conscientes é não mais nos colocarmos à margem do criador.

Na verdade, milhões de anos se passaram, o grande criador do Universo não mudou, e o que vem se transformando em face da acelerada mudança no planeta é a concepção do Criador Divino criada pelo próprio ser humano. Nos tempos atuais, no mundo em que vivemos, a divindade criadora não pode habitar mais nas nuvens ou mesmo no espaço. Seu lugar é dentro de nós, tornando-nos assim co-criadores conscientes e responsáveis pela essência de nossa existência, força dinâmica e energética, chamada por vários nomes e que eu gosto de chamar de alma.

O termo psicossomática – do grego *psyche* = alma e *soma* = corpo –, que vem sendo usado pela medicina e pela psicologia ainda de forma confusa, com várias significações, mas sem dúvida propondo uma integração, retorna, e assim possibilita, tanto para a ciência como para os seres humanos, o resgate de sua consciência espiritual, na medida em que integra corpo e alma como uma unidade indivisível anatômica e fisiologicamente, tornando-os assim responsáveis e coparticipantes na coordenação dessa essência, essa força dinâmica e energética que tanto pode nos levar a adoecer como nos curar.

Ramos (56) relata que, historicamente, o termo psicossomática foi usado pela primeira vez em 1808, na Alemanha, pelo psiquiatra Heinroth, ao explicar a origem da insônia; em 1828, Heinroth usa um novo termo "somatopsíquico"; em 1922, Felix Deutsch introduz na literatura médica alemã o termo "medicina psicossomática", mas só entrou para o uso corrente da língua inglesa na década de 30, quando a dra. Helen F. Dunbar, da Columbia University College of Physicians and Surgeons, utilizou-o em sua obra *Emotions and biology change: a survey of literature on psycho-somatic interrelationships* [Mudanças emocionais e biológicas: uma pesquisa da literatura sobre inter-relações psicossomáticas] *1919-1933*.

A própria dra. Dunbar [Lewis (37)] não considerava esse o termo mais adequado para expressar a unidade mente-corpo. Porém, essa compreensão de que alma e corpo físico e mental são inter-relacionados remonta pelo menos há 4.500 anos, quando aparece na obra de Huang Ti, o chamado Imperador Amarelo da China. Esse autor de um clássico da medicina interna observou que a frustração pode fazer com que o ser humano fique fisicamente doente. "Seus desejos e idéias deverão ser investigados e acompanhados", recomenda, "e, então... aqueles que tenham atingido a satisfação espiritual serão prósperos e vicejantes, enquanto os demais, os que não conseguirem, perecerão".

Cinco séculos antes de Cristo, Hipócrates postulava que para que as curas se efetivassem seria necessário que os curadores possuíssem um conhecimento da totalidade das coisas. Ao longo da Idade Média, tanto doenças físicas como mentais eram tratadas por meio de pregação à pessoa como um todo, procurando atingir a parte que a teologia chamava de alma.

Martinho Lutero declarava: "pensamentos soturnos acarretam males físicos; quando a alma está oprimida, o mesmo acontece com o corpo". No início do século XIX um médico francês chamado Pierre Cabanis expôs o conceito segundo o qual "paixões fortes" resultariam em conseqüências para o corpo. Durante séculos admitiu-se que as pessoas podiam morrer de desgosto, ou mesmo que o medo e a ira acarretavam moléstias.

No entanto, na segunda metade do século XIX, com a ascensão e a evolução da Ciência Materialista, que estimulou o crescente interesse da medicina na descoberta de microrganismos como os causadores de certas doenças específicas, foram colocados em segundo plano a compreensão e o estudo do ser humano de forma una e integrada, em que as emoções também ocupavam um papel importante no desenvolvimento das doenças orgânicas.

A retomada dessas questões no início do século XX, considerando que processos biológicos, mentais ou físicos são simultâneos, podendo exteriorizar-se predominantemente numa área ou outra, conforme sua natureza ou ângulo sob o qual estão sendo observados, passou por vários conceitos.

Um dos primeiros foi o da psicogênese, isto é, o estudo da gênese dos sintomas e doenças a partir das causas psíquicas. O outro conceito inicial foi o de somatização, ou seja, indução de um processo somático a partir de influências mentais.

A tendência mais atual é a de abandonar os conceitos de psicogênese ou somatogênese e encarar o fenômeno doença de forma sempre global, em função da pessoa que a apresenta, em sua forma especial de viver no e com o mundo. Nesse contexto, a doença passa a ser uma expressão de um tropeço existencial, de uma disfunção no processo de viver, de um conflito.

Na atualidade, a psicologia, assim como a medicina, resgatam conhecimentos e tentam atualizá-los e integrá-los. A essência da existência humana, força dinâmica e energética (*psyche* = alma), volta a receber atenção e pode ser compreendida como fonte e alimento do corpo físico que, na impossibilidade de se expressar, criar e se relacionar, pode comprometer o corpo físico, levando à sua degeneração e morte biológica muito antes do processo natural do envelhecimento.

A questão é: como se dá esse conflito corpo e alma?

Todos os estudos e compreensão de como esse psiquismo se expressa por meio do corpo vêm afirmando e reafirmando que o corpo é o porta-voz de uma verdade inconsciente que busca revelação.

"Quando um adulto representa inconscientemente seus limites corporais como estando mal definidos ou não separados dos outros, as experiências afetivas com um outro que tem importância para ele ou, às vezes, com quem quer que venha a mobilizar, por acaso, a memória corporal de um antigo trauma psíquico, a conseqüência pode ser uma explosão psicossomática como se, em tais circunstâncias, não existisse senão um corpo para dois" [McDougall (39)].

O conflito seria, então, pela posse de um corpo próprio, uno e pessoal.

Mas como reconhecer o drama dessa alma aprisionada, se o corpo a revela sempre de forma mascarada?

Para compreender melhor essa verdade, torna-se necessário rever o processo histórico, por meio do qual esse corpo foi se mascarando e impedindo, assim, a expressão espontânea dessa essência.

Moreno se aproxima bastante de uma visão integrada do ser humano, pois para ele, antes e imediatamente após o nascimento, o ser humano vive um universo indiferenciado ao qual chama de "Matriz de Identidade", matriz esta que é existencial e pode ser considerada o *locus* de onde surgem, em fases graduais, o "eu" e suas ramificações, isto é, os papéis que são embriões, precursores do "eu", e esforçam-se por se agrupar e unificar.

Diz Moreno que existe um corpo disperso: a identidade entre corpo, alma e mundo é total: "Eu sou". Criador e criação experienciam o estado cósmico e uno: "Eu sou o todo e o todo sou eu".

No exercício do desempenho de seus papéis fisiológicos – respirar, mamar, defecar etc. – é que, pouco a pouco, identificando-se com determinadas zonas corporais, o ser humano irá experienciando um corpo parcial, sem unidade no tempo e no espaço. A maturação do sistema nervoso e o reconhecimento recebido nas relações que estabelece com outros seres humanos é que irão permitindo que se reconheça.

São essas sensações corporais cenestésicas e cinestésicas, extero e interoceptivas que, experienciadas, irão dando uma sensação de singularidade como pessoa. Essa vivência unitária e subjetiva de corpo pessoal e próprio vai, aos poucos, fazendo com que a pessoa tenha uma imagem de si mesma.

É no reconhecer-se por meio daqueles que o espelham que esse psiquismo = alma pode reconhecer o corpo que lhe é próprio e pessoal. É como se essa essência dinâmica e energética encontrasse o seu lugar: inicia-se um perceber dentro e fora desse corpo (mundo interno e mundo externo).

Mas esse corpo tem muito que aprender ainda, tem de saber onde está, qual o lugar que ocupa nesse grupo de seres em que nasceu. Esse corpo exige ser reconhecido, quer ser reconhecido como corpo privado, quer seu poder, o poder de estar incorporado, e qual não é sua frustração quando se percebe limitado. A forma de tentar reconquistar esse poder é se identificar com aqueles que o rodeiam. E assim começa a representar seus primeiros papéis e colocar suas primeiras máscaras.

Esse jogo dramático de ser um corpo em ação vai levando sua essência dinâmica energética (*psyche* = alma) a sair de seu mundo de sonhador e criador e participar através da ação, de forma mais consciente, das relações com os outros seres, reconhecendo-se assim como corpo ativo na realidade. Reconhece seu corpo simbólico, corpo este capaz de aprender o real humano, como afirma Naffah (53).

1
Contribuições da psicossomática e do psicodrama ao somatodrama

Quando falamos de psicossomática, estamos nos referindo a sintomas, doenças e queixas físicas ligadas ao psíquico. Para J. Mello Filho (42), toda doença humana é psicossomática, já que incide em um ser provido de soma e psique inseparáveis, anatômica e funcionalmente. Os processos biológicos, mentais ou físicos são simultâneos, exteriorizando-se predominantemente em uma área ou outra, conforme a sua natureza ou ângulo sob o qual estão sendo observados.

Vale assinalar que a expressão psicossomática foi de início usada para referir-se apenas a certas doenças, como úlcera péptica, asma brônquica, hipertensão arterial e colite ulcerativa, em que as correlações psicofísicas eram bastante nítidas. Todavia, os pesquisadores foram percebendo que tal conceituação é potencialmente válida para toda e qualquer doença; a tendência atual dominante é a unitária, pois de outro modo partiríamos para uma nova divisão de doenças psíquicas, somáticas e psicossomáticas.

O desenvolvimento da pesquisa psicossomática leva a pensar sempre numa possível influência psicológica na gênese de qualquer doença, tal é a importância da mente em nossos processos biológicos. Por outro lado, qualquer que seja a origem de uma doença, esta passa a ser instantaneamente psicossomática, por suas várias repercussões psicológicas.

Não podemos medir a quantidade do medo, tampouco quando um estado de culpa nos afeta, mas eles agem no nosso organismo de forma tão patogênica como um vírus ou uma bactéria.

Corpo e mente formam uma só unidade bioquímica, cujo resultado somos nós: homens e mulheres. Uma dor de abandono é tão sentida no corpo físico quanto a dor vivenciada em uma gastrite aguda. Emoções são fenômenos físicos e cada alteração fisiológica tem seu componente emocional.

Poderíamos até dizer que as emoções seriam uma interpretação subjetiva das sensações corporais, ou mesmo uma linguagem psicossomática, na qual o corpo se expressa na relação.

Grenel [Kaufman (31)] diz: "A pessoa adoece com alguém, por alguém e para alguém". Perguntamo-nos sempre: o que se propõe o paciente com esse sintoma? Quem é seu destinatário? Em função de que situação ambiental foi criado? ·

Segundo Ey, Bernard e Brisset (21), Psicossomática é o termo usado para designar aspectos da patologia geral que estão relacionados com a vida psíquica.

Kiviniemi (32) considera os seguintes princípios gerais em que se baseia a teoria psicossomática da doença etiologicamente orientada:

- Estruturas de personalidade e doença estão inter-relacionadas.
- A repressão das emoções causa repressão psicológica e fisiológica.
- Uma forma inadequada e inconsciente de enfrentar as frustrações conduz à disfunção orgânica que, por sua vez, aumenta a suscetibilidade à infecção.
- Padrões de comportamento aprendidos sob influências ambientais interferem na acentuação ou na inibição da suscetibilidade à doença.

Ramos (56), conceituando a psicossomática, diz haver tanto na área da medicina quanto da psicologia uma grande confusão conceitual quando se trata da relação mente-corpo com a doença, com o que concordamos. Diz que conceitos como histeria, mecanismo de conversão, somatização, vivência psicossomática e psicossomatização vêm sendo usados com o mesmo significado.

Tratando-se de pesquisas empíricas, o problema se torna mais grave, sendo necessário que cada autor se preocupe em definir o conceito empregado, pois ainda não existe um consenso quanto ao significado do termo "psicossomática", concluindo-se que na atualidade não existe um referencial teórico estabelecido, conceitual ou institucional, que possa situar a problemática de saúde e doença dentro de um novo paradigma.

Isso nos convida a formular gradualmente uma nova conceituação teórica e, ao mesmo tempo, o desenvolvimento de métodos de pesquisa e tratamento condizentes.

Quando se pensa em métodos e conceitos, para compreender como adoecemos ou nos curamos, temos de ter claro, em primeiro lugar, qual visão de ser humano adotamos, e jamais esquecermos que essa visão é que irá direcionar e contextualizar, e ser o foco de nossa pesquisa.

Somatodrama: visão de ser humano

Moreno, criador do psicodrama, afirma que somos autores e atores de nossa própria história, co-responsáveis com o criador como criaturas, no ato da criação.

Comprometida com o mundo em que vivo e seu momento atual, e consciente da minha responsabilidade perante o meu grupo, nesta proposta de escrever sobre a visão de ser humano moreniana, saio dos pensamentos e entro no sentir. E, quando falo em sentir, é "sentir na pele" os ensinamentos de Jacob Levy Moreno.

Se me ativer às conservas culturais, ao preestabelecido, garanto assegurada, sem dúvida, minha resposta diante da vivência deste momento novo e desconhecido, e por isso mesmo difícil. Minha ansiedade com certeza irá bloquear a espontaneidade; e tudo o que é criação nessa comunicação, provavelmente, não passará de um mero arremedo caricato dos pensamentos criativos, expressos de forma anárquica, entremeados de experiências pessoais, místico-religiosas, encontradas nas obras de Moreno. Pensamentos que, ao compreendê-los, me dou conta: tenho nas mãos uma das mais ricas, simples e sábias visões do ser humano.

Não quero traí-lo, Moreno. Sou e sempre serei seguidora de seus ensinamentos. Acreditando que a única forma de vencer a Síndrome de Deus é exteriorizá-la. Assim sendo, me autorizo, no aqui e agora, a transmitir como você concebeu homens e mulheres. Prometo: não esquecerei suas duras palavras:

> *"O mito não fenecerá*
> *à tua vista, mas em troca*
> *desaparece:*
> *Porque se esfuma em*
> *qualquer esquina.*
> *Rogo-te, não amontoes*
> *minhas palavras*
> *Quando minha voz não ressoe."*

Para Moreno, o nascimento é uma libertação. Nascer é uma vitória da vida sobre o inanimado e sobre a morte. O recémnascido é para ele um gênio em potencial, a máxima expressão da criatividade humana: "Cada homem é em si mesmo, e para si mesmo, a máxima expressão da criação".

Moreno, sem dúvida, foi sensível à crise da Cultura Ocidental que se deu no início do século XX. Reagindo a essa crise, assumiu posições e posturas filosóficas das quais não mais se afastou, e que até os dias de hoje são avançadas, e questionadas. Para Moreno, o ser humano está naquilo que faz e não no que esconde; a espontaneidade é a criadora dos verdadeiros valores da vida, muitas vezes encobertos por valores oficiais, em que não acreditamos mais.

Quando paro diante de sua obra, me pergunto: será Moreno um profeta ou um terapeuta?

Sua forma anárquica de escrever e viver mostra claramente que para ele a vida é espontânea e não delimitada, o que vem dificultando que seus seguidores tenham um único enfoque e forma de compreensão de seus pensamentos a respeito do ser humano.

Em particular, escolho a compreensão de um de seus mais brilhantes discípulos, Eugenio Garrido Martin, por acreditar que ele tenha sido quem melhor sistematizou as idéias de Moreno sobre o ser humano em sua dupla dimensão: a Individual e a Relacional.

- No nível do indivíduo, seu núcleo antropológico é a espontaneidade vista como a substância, a alma.
- No nível relacional, Moreno cria o conceito de Grupo-Sujeito que se nutre da tele-estrutura.

Do ponto de vista pragmático, esse homem-indivíduo-e-grupo atua por meio do seu "eu tangível", o papel.

A análise dessa personalidade que se manifesta na conduta – o papel – torna-se básica para Moreno, porque define o ser e porque o expressa em sua normalidade.

Segundo Garrido Martin (40), dois eixos polarizam a teoria de Moreno relativa à pessoa humana.

O primeiro é o eixo da espontaneidade em sua dimensão individual.

O segundo é o do fator tele em sua projeção social, e ambos se conjugam no "eu tangível", o que fundamenta a sua Teoria do Papel.

Moreno, ao fazer da espontaneidade o eixo de sua teoria e terapia, propõe que o mundo deve estar aberto à criatividade constante, e que o ser humano deve ser um criador, um gênio.

E eu me pergunto: o que então impede o desenvolvimento desse gênio presente em todos nós? Moreno responde: "O homem sente segurança utilizando as conservas culturais, mais do que vivendo no desconhecido e à mercê da improvisação; porém, isso lhe custa a realização pessoal".

Para Moreno a conserva cultural aborta o gênio, e a espontaneidade o realiza. Espontaneidade que não deve ser compreendida como fazer qualquer coisa, em qualquer lugar, de qualquer maneira e com qualquer pessoa (isso é espontaneidade patológica).

Ser espontâneo é fazer o oportuno no momento necessário, é dar resposta boa a uma situação geralmente nova, e por isso mesmo difícil. Deve ser uma resposta pessoal, integrada, não uma repetição ou citação inerte, separada de sua origem e do seu contexto.

A espontaneidade não é a liberdade, é a condição prévia para o homem ser livre.

Para compreendermos espontaneidade, vamos entender o que Moreno concebe como conserva cultural. Ele diz:

> O homem, imitativamente, cria obras que permanecem e lhe dão a sensação de perfeição. Criando essas conservas culturais, ele se realiza como demiurgo e despreza o desejo da criação constante, cultivando a vontade de poder (...) Mais uma vez o homem peca na história por querer ser como Deus, e é uma vez mais sua caricatura.

Assim, Moreno vincula a espontaneidade à criatividade.

Sua tentativa, sem dúvida, de salvar a evolução constante do mundo é a Revolução Criadora, palavras de salvação para o ser humano, ao qual confere um sentido de otimismo e até ingenuidade.

Na dimensão do ser humano, em relação com os demais, Moreno afirma: "o homem é sociável porque nasce em sociedade e necessita dos outros para sobreviver".

No grupo, o ser humano manifesta características individuais que nunca irá desenvolver como pessoa isolada. Nas palavras de Moreno, "os pais são dados em lugar de serem escolhidos; no entanto é também essencial saber com quem devemos conviver, a quem tomaremos como modelo para saber como viver, e quem deve sobreviver".

Para explicar a relação entre os seres humanos, Moreno cunhou o termo *Tele* que podemos explicar, de forma elementar, como sendo a menor unidade de sentimento transmitida de um indivíduo para outro. É força inter-relacional.

Parece-me que, aos poucos, vamos chegando à Antropologia Psicológica de Moreno, que gira em torno de três grandes problemas do ser humano: Deus, *self* e liberdade.

Talvez aqui possamos delinear de forma mais clara a visão de ser humano para Moreno:

O homem é um ser que seguindo o impulso da espontaneidade chegará a desenvolver a "chispa divina criadora" que traz em si mesmo. Esse gênio em potencial que, lutando contra as conservas culturais através da espontaneidade criadora ativa, chegará a assemelhar-se a Deus e a encontrar sua liberdade; caso não desenvolva essa espontaneidade, adoece.

E continua Moreno: "a rica existência do homem não deve se dar na solidão, mas em coletividade, através do desempenho de um papel na sociedade que se insere numa Cultura".

Se tentarmos uma síntese dessas duas concepções do ser humano dadas por Moreno: o Homem Gênio e o Homem Membro de Um Grupo, temos o terceiro conceito moreniano: o Papel.

Delimitando o conceito de papel como "eu tangível", chegamos à evidência de que o ser humano não pode viver só, e vivendo com os demais tem de se adaptar a certas normas de convivência. Essas normas impõem uma maneira de agir: a conduta, e o modo concreto de aceitá-las é adotando um papel.

O ser é um intérprete de papéis; é o papel do "eu" que experimentamos e é por intermédio do seu desempenho que temos *consciência de nós mesmos*. Assim, com o conceito de papel, o homem gênio moreniano é um homem real lutando no aqui e agora.

Na antropologia psicológica moreniana, a espontaneidade adoece em suas funções de adequação e de criação, e também a dimensão relacional do ser humano pode adoecer, envolvendo assim o grupo e ocasionando a patologia do papel.

Creio, como Moreno, que o ser humano é por natureza espontâneo e criador, e somente adoece quando não pode utilizar seus dons naturais.

Tomando como protagonista esse ser humano moreniano, e lembrando que, para Moreno, esse ser transcende à condição de ente psicológico, biológico, social e cultural, para atingir a condição de ser cósmico, proponho que possamos retomar e trazer novamente à cena o conflito corpo e alma.

Compreensões e estudos de como o psiquismo se expressa através do corpo afirmam que o corpo é o porta-voz de verdades inconscientes que buscam revelação, e o fenômeno psicossomático é um enigma que tem sua linguagem própria e pessoal por meio da ação.

O somatodrama surge com a proposta de uma nova compreensão sobre a doença: *o ser que adoece*, vendo nos sintomas e doenças orgânicas uma possibilidade, um caminho para o autoconhecimento e transformação, trazendo à cena o desconhecido, o negado, resgatando partes e fragmentos, e assim recompondo a unicidade perdida.

Trilhar esse caminho foi para mim uma ampliação da consciência, da capacidade de perceber um maior número de estímulos, intero e exteroceptivos, e poder manifestá-los através de emoções e ações, questionando, sim, e construindo argumentos lógicos. Refletindo, mas nunca permitindo que verdades se cristalizem transformando-se em crenças que, inevitavelmente, levam a condicionamentos e repetições.

Para nos transformarmos necessitamos de novas experiências, trocas e relacionamentos. Cada corpo é próprio e pessoal e somente a ele cabe revelar o seu próprio drama. "Tu deves aprender a criar. Tu deves aprender a me criar" [J. L. Moreno (48)].

E assim fui, pouco a pouco, integrando várias propostas e pensamentos.

A proposta da escola e do pensamento psicossomático sempre me atraiu, pois rompia com uma tendência, tanto filosófica como científica, de separar corpo e mente. É holística e integradora e vê o ser humano de forma integrada, questiona e estuda as relações entre as emoções e os males do corpo, afirma que mente e corpo são inseparáveis, e não só anatomicamente.

O pensamento psicossomático atual nega o dualismo psicofísico e não aceita a criação de mais uma categoria de doença: a doença psicossomática, atribuindo a esse termo somente uma forma de pensar que integra corpo e mente.

Durante muito tempo também foi tema da discussão entre organicistas e psicologistas a compreensão a respeito da dor e do adoecer humano, deixando claro que a fronteira entre a dor psíquica e a dor física é tão sutil quanto a separação entre o corpo sensível e o corpo biológico.

Essa integração vem também possibilitando reintegrar nossa consciência espiritual: na medida em que integramos corpo e alma, como uma unidade indivisível anatômica e fisiologicamente, e concebemos também que processos biológicos promovem processos psíquicos. Sem o corpo não há alma, pois esta necessita estar corporificada para se expressar; e sem alma esse corpo biológico não tem animação, não é um corpo humano.

Seres humanos levam muito tempo para completar o processo do desenvolvimento físico e psicológico e ter uma vivência unitária e subjetiva em que reconhecem seu corpo como próprio e possuidor de uma essência.

A "vivência psicossomática" surge diante do conflito corpo e alma, conflito esse responsável pela grande dor de não conseguirmos elaborar essa divisão interna que nos fragmenta. Ela é o porta-voz que irá transmitir, por meio do sintoma e da doença orgânica, a parcialidade, a falta de unidade desse corpo que se vê impedido de atingir uma identidade. Somente revelando o Drama é que se pode transformar a existência. Esse é um postulado básico do psicodrama.

Cabe neste momento, já de posse da visão moreniana do ser humano, compreendermos e nos aprofundarmos um pouco mais na sua filosofia.

2
Psicodrama – Filosofia e Método: como o somatodrama concebe a totalidade – "o encontro"

Compreender e aprofundar a Filosofia do Psicodrama é um trabalho que vem sendo realizado por vários psicodramatistas em nosso meio. Contando com essas preciosas colaborações, a cada passo dado na criação do somatodrama, eu recebia orientação sobre a direção a ser seguida.

Na obra de Naffah, *Psicodrama: descolonizando o imaginário* (53), encontramos um profundo e detalhado estudo dos fundamentos filosóficos e teóricos da prática moreniana.

No prólogo de Dalmiro Bustos, nos encontramos diante de questionamentos como: "O que uma terapia faz com relação à essência do ser? Como uma dramatização age sobre o protagonista? Distancia-o ou aproxima-o de sua essência?". Alerta-nos ainda dizendo: "Somente dentro da filosofia pode-se pensar na filosofia. Do contrário, apenas filosofamos. Toda formulação moreniana é totalizadora, inclui o psicológico, o biológico, o social. Nesse sentido é existencial. Toda a sua compreensão dos *socius* e da *psyche* se dá no plano da totalidade...", basicamente quando nos fala do encontro, "centro da proposta existencial psicodramática".

Essas questões me levaram a algumas reflexões: se Moreno concebe em sua obra o ser humano em sua dupla dimensão individual e relacional e, segundo Castello de Almeida (2),

ser este que é também visto por Moreno de modo global em suas relações com o mundo, com o outro e consigo mesmo; que é por natureza espontâneo e criador, traduzindo sempre em si um gênio em potencial, que mais do que biológico, psicológico e social é um ser cósmico. Ser, em cujo universo social as forças de cooperação são biologicamente mais importantes do que as forcas de destruição; que é aberto para a alegria e a bondade, capaz de viver o momento do encontro. Ser que pode recuperar sua linguagem emocional, verbal ou corporal, autêntica e expressiva, pelo estímulo da espontaneidade e da criatividade.

E se para Moreno criação significa antes de tudo emoção vivida, e que qualquer um de nós, através do psicodrama, podemos experienciar a nossa versão de criador como criatura, tornando-nos assim co-criadores e co-responsáveis pelo nosso próprio drama; então, crer no poder criador é testemunhar o nosso próprio poder e ter a possibilidade de transcendê-lo.

Transcender nosso próprio poder nos daria o direito de ressignificar conceitos, tais como religião, em religar – ligar novamente a centelha divina –, penetrar em si mesmo, procurando na essência do nosso ser a existência dessa centelha.

A definição moreniana de ser humano não considera que é só o intelecto que o distingue das outras formas de vida, mas sim a espiritualidade, concebendo-a e compreendendo-a como o desenvolvimento do controle de si mesmo para poder utilizar o corpo como um meio de transcendência e encontro com o "todo", realizando-se assim um ser cósmico, o que nos conferiria a autoridade de sermos autores e atores da nossa própria história.

Sendo assim, o psicodrama poderia ser definido, segundo Moreno, como a ciência que explora a "verdade" por métodos dramáticos. Tendo no espaço cênico o *locus* onde o sagrado se integra ao profano, na experiência da co-criação.

Todo corpo carrega a sua história, seu drama, e este corpo é próprio e pessoal. Nele convivem vários enredos que foram inscritos em percursos biológicos, relacionamentos de prazer e desprazer, de unidade e fragmentação, de destruição e reparação. No cenário, o corpo irá vivenciar, através das sensações, a abertura para a cena seguinte, a da visualização que o trará à luz, sendo assim tirado da escuridão, do desconhecido e do negado.

Penso que ver partes de um todo e reconhecê-las como próprias possibilita o "encontro" em que o corpo fragmentado e parcial, através de uma imagem refletida que irá unificá-lo, terá a possibilidade de reconhecer-se como corpo próprio e pessoal. Esse reconhecimento irá dar início ao planejamento para a construção de uma imagem corporal, como possibilidade de superar a perda da sensação de totalidade (simbiose). É a experiência de unicidade da limitação dada pelo próprio corpo que, a partir dessa consciência, passará a significar o corpo como algo que nos protege e nos dá identidade. Do ventre da mãe ao ventre do corpo, ao ventre da terra.

Esse percurso, seguido a partir dos questionamentos levantados por Bustos, nos conduziu até este ponto. A partir daqui, sem dúvida, já podemos compreender e vislumbrar a questão do ser que adoece: as cristalizações e fragmentações levam-no, provavelmente, a se identificar com partes desse corpo e, conseqüentemente, à perda da consciência de sua unicidade e totalidade, conduzindo-o a uma provável busca impotente no intuito de atingir o "encontro".

Conduzida por essas suposições, chego à questão de como o somatodrama concebe a questão da totalidade: Partindo da experiência de unicidade, que varia em profundidade, podemos ir da experiência simbiótica ao encontro, atingindo a união mística da totalidade.

Somatodrama: experiência de unicidade

Todas as experiências de unicidade e seus diferentes níveis de profundidade podem ser sentidos por nós, quando visualizamos o desenho de uma partícula subatômica na sua forma triangular.

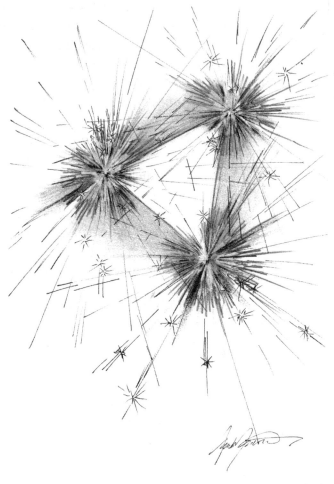

Criação de Anna Marcondes inspirada na foto computadorizada de uma partícula subatômica publicada na revista Superinteressante de dezembro de 1996.

É um grão de luz, próton ou elétron, responsável pela estrutura dos átomos, das moléculas, e também pelo sistema nervoso do ser humano.

Esta visão faz com que imediatamente nos venham à mente textos religiosos e o testemunho de seres reconhecidos como iluminados, que em suas descrições, durante a experiência de totalidade e unicidade, traziam o triângulo ou a tríade como sendo a interpretação do divino (ex.: pai-filho-espírito santo). Vocês devem estar pensando onde eu quero chegar com estas reflexões. Com certeza, como sugere Bustos, estaria eu filosofando...

Mas vamos continuar: se estamos falando de psicossomática e de psicodrama, de propostas fenomenológicas, existenciais, que se propõem a ver o universo e o ser humano, bem como a psique e o corpo de forma integrada e inter-relacionada, não podemos deixar de considerar os novos avanços das ciências e autores de atualidade como Fritjof Capra.

Em seu livro *Ponto de mutação* esse autor demonstra como a revolução da física moderna prenuncia uma revolução em todas as crenças, transformando nossa visão de mundo e valores. A nova visão inclui conceitos de espaço, tempo – matéria da física subatômica –, bem como conceitos de mente, consciência e evolução.

Em seu outro livro, *O tao da física*, Capra também desafia a sabedoria convencional, traçando paralelos entre as antigas tradições místicas e a física atual.

Entrar em contato com a medicina vibracional, a nova proposta chamada de medicina para o futuro, colocou-me frente a frente com novos conhecimentos, tais como holografia, campos de energia sutil, chacras, nadis. E o que era para mim no início só curiosidade, foi pouco a pouco se transformando em necessidade de novas aprendizagens.

Se despertarmos nossa consciência, podemos constatar que estamos vivendo em um mundo superpovoado, globalmente interligado, repleto de graves problemas, dos quais somos os protagonistas, e contamos com poucos recursos, internos e externos, para lidar com eles.

A crise atual, crise da percepção, solicita novos paradigmas e uma melhor percepção do mundo em que vivemos, bem como a necessidade de criar novas soluções eficientes para os problemas da atualidade.

O paradigma holístico concebe o mundo como um todo integrado e não como uma colação de partes dissociadas.

O paradigma ecológico reconhece a interdependência fundamental de todos os fenômenos, bem como o fato de que indivíduos e sociedades estão integrados no processo cíclico da natureza.

Como todas as experiências e aprendizagens possuem diferentes níveis de profundidade, não podemos esquecer o quanto a física quântica tem contribuído, para melhor compreendermos a questão da totalidade, ensinando-nos que matéria e energia são dois aspectos diferentes da mesma realidade, mostrando-nos que aquilo que vemos, ou os pensamentos que temos sobre o universo, e a maneira como ele aparece para nós, é uma função da relação matéria-energia com a nossa mente.

Estando assim, então, pensamentos e universo fundamentalmente interligados, sendo essa a sutil conexão entre pensamento e realidade, é no nível quântico que a matéria e a psique se encontram, implicando uma nova visão do ser humano como uma totalidade.

Diz a Bíblia: [(Coríntios I, 13,12(7)] "Hoje vemos como por um espelho confusamente, mas então veremos face a face; hoje conheço em parte, mas então conhecerei totalmente como eu sou conhecido".

Hoje vemos os fatos através de um espelho embaçado. Espelho esse que não passa do nosso conjunto de crenças, nossos preconceitos, a cultura em que estamos inseridos e as teorias científicas predominantes em nossa época. Essa é a realidade que formamos, essa é a profecia que se cumpre: criamos a nossa realidade a partir da nossa imagem.

Para mim, entrar em contato com esses novos conceitos da física quântica foi como reencontrar velhos amigos, pois todo o tempo me deparava com conceitos profundamente morenianos, tais como a visão do Universo como um todo dinâmico em que as partes se integram, os opostos se articulam, em que o cientista, como o concebe também Moreno, é aquele que observa e se inclui no experimento, e assim influi e é influenciado pelo observado, deixando claro que a objetividade é uma mera ilusão.

Constatações como essas, reflexões e questionamentos que me eram trazidos pela física moderna, levaram-me a retomar também conceitos de tempo e espaço, que afirmam não ser possível falar de espaço sem falar de tempo e vice-versa, rompendo com a relação causa-efeito e criando o momento, o aqui e agora, em que presente, passado e futuro são tempo concreto, ser, viver e criar. E assim fui clareando e resgatando conceitos morenianos.

Moreno afirma que é somente através das experiências vividas no aqui e agora que estados inconscientes são revelados, e são essas ampliações de consciência que nos lançam a uma nova possibilidade: a de viver fragmentos de passado ou visões do futuro presentificadas numa nova experiência: a de viver uma abertura que produz mudança e crescimento de forma espontânea e criativa.

Assim, a revelação do novo, do nunca vivido, vivenciado no aqui e agora, é vivenciarmos as leis desse novo paradigma: probabilidade – incerteza, sentindo na própria pele os conceitos da nova física.

Compreendê-los seria ainda mais: conquistar e explorar a natureza dual da dança cósmica do universo, em que partículas subatômicas tanto possuem um aspecto espacial como um aspecto temporal, e, dependendo de como as observamos, podem ser ondas ou partículas, como a luz, que também possui essa natureza dual.

Sou levada assim a pensar que Moreno tinha e tem razão. Somos co-criadores; criador e criatura que se unem na co-responsabilidade da criação, como autores e atores de nossa própria história, no aqui e agora. Essa teria sido a peculiar maneira como Moreno definiu a fase transpessoal do ser humano.

O reconhecimento dessa interdependência e a real participação que temos em todos os fenômenos são, sem dúvida, uma ampliação de consciência, na qual, agora sim, poderemos nos reconhecer como parte integrante de uma Mente Universal

Sutil com a qual estamos comprometidos, e somos co-responsáveis de seus movimentos.

Ampliar nossa consciência é integrar *penso, logo existo* com *sinto, logo sou* e com *percebo, logo crio*.

Se a conexão com o todo se faz por meio de um estado de consciência superior, como então conectá-la?

O somatodrama pensa que para sairmos da crise da percepção temos de seguir o caminho pelas sensações. Esse caminho nos levará a ter uma opinião que será questionada, refletida, aperfeiçoando assim nossa inteligência, nossa sensibilidade no entendimento de nós mesmos e do universo que nos cerca.

Quando pudermos atingir *insights* intuitivos como frutos da espontaneidade e da liberdade criativa, veremos o nascer do ato criador, realizado em co-autoria, no qual poderemos reconhecer a centelha divina, o ponto de luz, a partícula subatômica, presente em nós.

A totalidade do universo, todo o conhecimento está contido dentro de cada ser humano, na centelha divina, na partícula de luz, num todo indiviso.

Nossa memória afetiva emocional necessita, para se transformar, de novas experiências, trocas, relacionamentos. Vivemos a totalidade mesmo sem a consciência de que já a estamos vivenciando, na sensação oceânica, na indiferenciação. Mas só quando experienciamos a dualidade, as polaridades, é que adquirimos a consciência da totalidade.

Neste exato momento, quem vem ao nosso encontro, colaborando para que possamos continuar nossas reflexões, é Castello de Almeida.

Somatodrama: pensamento e método fenomenológico existencial

"Para os fenomenologistas, o corpo é "aqui" fundamental. Através dele o ente se torna ser-no-mundo e ser-em-relação. Não é, e não pode ser, encarado como um objeto. É o ponto central para onde confluem e se condicionam todas as experiências e de onde fluem todos os desejos e todas as decisões.

"O corpo é a referência física do sujeito: nele está a história genética, a marca da hereditariedade. Está também a expressão da inteligência, o registro de vivências e a possibilidade de ações e opções. Nele estão as coisas particulares do indivíduo e também as próprias da espécie. Ontogenia e filogenia aí se encontram. Ele contém a sexualidade e a agressividade. No corpo está o fisiológico, o instintivo, o não consciente, o espontâneo, os papéis psicossomáticos. Nele se imprime o condicionamento, o cultural, o educado, o 'robotizado', a conserva, os papéis psicodramáticos e sociais.

"Através dele exprimem-se o 'si-mesmo' psicológico e o fisiológico. É pelo corpo que o Eu, expressão psicológica do ser global, integra-se em vários níveis (emocional, intelectual e vivencial). Nele o ser habita e, com a morte biológica, desaparece ou transcende.

"*A vivência do corpo é a vivência de impulsos, sentimentos, pensamentos, movimentos, é viver a consciência do ser*. O corpo é o sujeito e o objeto do desejo. É a casa do simbólico. Para os fenomenologistas não há dicotomia, pois o psiquismo é corpo vivido e sentido" (2).

Com essa afirmação se reconhece a não-dicotomia entre corpo e mente pela fenomenologia, e confirma-se, assim, o somatodrama na sua visão de unicidade e totalidade. Alerta e orienta que os psicoterapeutas devem estar atentos aos aspectos físicos e fisiológicos dos seus pacientes, por acreditar que os dois segmentos, corpo-mente, são uma única coisa, categorias existentes uma na outra, encarnadas, irredutíveis e inseparáveis, bem como devem estar alertas para o corpo íntegro, que é também linguagem, mensagem, atitude, ato e ação.

A noção de corporalidade se dá a partir dos primeiros meses de vida, pois sua assimilação já se inicia na vida intrauterina. O bebê se encontra, logo após o nascimento, com a missão de organizar seu corpo, bem como de encontrar seu lugar no ambiente que o rodeia. Ocupado esse espaço, o corpo passará a ser o núcleo da espontaneidade e da criatividade no mundo inter-relacional.

Ninguém melhor que Fonseca Filho (22) para nos falar de relação interpessoal: sua rica contribuição foi correlacionar a teoria moreniana e a filosofia dialógica, de Martin Buber, indicando o hassidismo como a primeira inspiração das idéias de Moreno. Para Fonseca, Buber e Moreno foram pensadores dialógicos. Suas idéias centrais convergem para o encontro. Além do hassidismo, tiveram influência do existencialismo, confirmando ser cada sessão de psicodrama uma experiência existencial que pode oferecer informações válidas para uma sólida teoria da existência.

Buber preocupou-se, como Moreno, com o ser em relação, em comunidade, na relação Eu-Tu. Essa proposta de relação significa a possibilidade de escolha. Para Buber, o ser se realiza na relação com o tu, e somente nessa união se dá a *fusão de um ser total*.

Tanto Buber como Moreno contestam a filosofia racionalista de sua época. Os dois pensadores situam o ser humano como seres também cósmicos, sendo o cosmos o seu grande berço.

Para Moreno, o ser se desenvolve no cosmos pela Matriz de Identidade. Para Buber, o equivalente seriam as suas palavras-princípio que expressam dois tipos de relação, duas atitudes que o ser humano pode ter perante o Mundo. O Eu, da palavra-princípio Eu-Tu, e o Eu da palavra-princípio Eu-Isso. Assim, o período de "indiferenciação" no desenvolvimento humano, para Moreno, seria o equivalente ao Eu-Tu inato de Buber. O reconhecimento do Eu de Moreno corresponderia ao reconhecimento do mundo pelo Eu-Isso buberiano.

Sendo assim, com a Maturação Psicológica, o Ser irá adquirir a possibilidade de proferir a palavra-princípio Eu-Tu, pois o ser só se realiza na relação com o Tu. E só quando me torno Eu é que posso proferir o Tu, e assim ganhar a condição do encontro de relação dialógica, por meio do que Moreno chamou de "inversão de papéis" e Buber, de "experienciação do outro".

Creio que neste momento podemos retomar as questões levantadas no início deste capítulo, de como o somatodrama concebe a totalidade: "encontro".

Penso que ver partes de um todo e reconhecê-las como próprias possibilita o "encontro", em que o corpo fragmentado e parcial, por meio de uma imagem refletida que irá unificá-lo, terá a possibilidade de reconhecê-lo como próprio e pessoal, conquistando assim uma imagem simbólica que lhe irá conferir uma identidade corporal. O corpo é a possibilidade da experiência da co-autoria com a criação. Reconhecer a centelha divina, o ponto de luz, a partícula subatômica, é termos a consciência da totalidade do universo e de todo o conhecimento que está contido em cada ser humano. Somos um todo indiviso *Eu sou*.

O estudo de Fonseca Filho sobre o desenvolvimento humano moreniano, embasado na relação dialógica, tem sido de fundamental importância para o somatodrama, na compreensão da provável etapa da Matriz de Identidade, na qual estaria localizado o Núcleo Constitutivo da Vivência Psicossomática, tema do próximo capítulo.

3

Teorias psicodramáticas de desenvolvimento e suas contribuições à proposta teórica do somatodrama

A teoria psicodramática do desenvolvimento humano aproxima-se bastante de uma visão integrada do ser humano. Moreno (49) diz que, antes e imediatamente após o nascimento, a criança vive um universo indiferenciado, "Matriz de identidade". Essa Matriz é existencial e pode ser considerada o *locus* de onde surgem, em fases graduais, o "eu" e suas ramificações, isto é, os papéis que são embriões precursores do "eu" e esforçam-se por se agrupar e unificar.

Os primeiros papéis a aparecer são os fisiológicos ou psicossomáticos, que se agrupam e formam um "eu parcial", o "eu fisiológico". No decorrer do desenvolvimento, os papéis psicodramáticos também se agrupam, formando o seu "eu parcial", o "eu psicológico", e o mesmo acontece com os papéis sociais. Os "eus" até então são apenas "eus" parciais e somente mais tarde irão integrar-se em um "eu total".

O desenvolvimento gradual de vínculos operacionais e de contato entre os conglomerados de papéis psicossomáticos, psicodramáticos e sociais – personificados – possibilitará a identificação e a experimentação do "eu total".

Moreno observou que existem freqüentes desequilíbrios nos agrupamentos de papéis, tanto dentro como entre as áreas dos papéis, que levam a um atraso no surgimento do "eu real", ou intensificam os distúrbios do "eu".

Ao nascer, o bebê vivencia a totalidade, não diferencia mundo interno de mundo externo, sua experiência é de unicidade.

As características neurofisiológicas de um recém-nascido da espécie humana lhe conferem especial vulnerabilidade e fazem com que necessite de cuidados especiais. Cabe à mãe, ego-auxiliar natural, ou quem a substitua, estabelecer as primeiras interações e intercomunicação do bebê com o mundo que o cerca.

Será nessa díade, nessa interação mãe-bebê, que ocorrerá a primeira fase do desenvolvimento infantil, na qual o bebê se encontra imerso em um absoluto sincretismo, sendo pura experiência sensível.

Moreno chamou de "fome de atos" ao impulso vital básico infantil que, junto com o amadurecimento neurofisiológico, irá possibilitar o surgimento dos primeiros papéis, os papéis psicossomáticos, que permitirão ao bebê sair em busca da satisfação de suas necessidades básicas e sobrevivência.

Naffah (52) amplia a nossa compreensão de como isso se dá, quando considera que somente pelo contato com a mãe, que a acaricia, troca e alimenta, é que a criança, pouco a pouco, irá descobrindo sua corporeidade.

No ato de mamar e ingerir o alimento, a criança tem a possibilidade de vivenciar um instante no qual todo o seu ser vive uma evidência sensível do eu através da ação, momento que a levará a iniciar sua própria descoberta como ser corpóreo. Isso se dá pela mobilização de determinadas zonas do seu corpo durante o processo de aquecimento que antecede o funcionamento dos papéis psicossomáticos.

O processo de aquecimento não é um processo mecânico, mas representa, antes de tudo, uma abertura a uma nova situação em que todos os sentidos funcionam como iniciadores, na acepção segundo a qual "iniciam" o indivíduo nas próprias transformações e novidades da realidade em que está inserto. Nesse sentido, poderíamos dizer que o iniciador fundamental é a própria percepção.

Inicialmente, a criança tem apenas de forma parcial e instantânea a consciência corporal (zona mobilizada pelo funcionamento de determinado papel psicossomático), mas, pouco a pouco, determinadas zonas parciais tendem a mobilizar porções mais extensas do corpo que vão se integrando em zonas maiores e mais unificadas.

Sendo assim, o organismo da criança, que consistia em tais segmentos separados, superpostos às diversas zonas, começará a fundi-los em amplas zonas do corpo. Quanto mais ampla for a zona abarcada pelo processo de aquecimento, maior o número de unidades neuromusculares estimuladas. Nesse momento a criança começará a se identificar com uma ampla zona do seu corpo em uma oportunidade, e com outra zona corporal em ocasião distinta, não sabendo que, na realidade, todas elas estão interligadas, formando um só corpo.

Assim, nessa fase, a criança vivencia seu corpo por meio de uma experiência descontínua, em que nada permanece idêntico, em que ser-como-corpo significa ser aquela corporeidade específica, momentânea e funcional. Por meio dessa experiência sensível a criança vive como corpo-em-relação, e é dela que advirão suas satisfações e frustrações iniciais, pelas quais se sentirá reconhecida ou negada.

O corpo, por meio da prática psicodramática, surge sempre como um corpo mascarado, alienado, através da forma de um papel. Isto significa que neuroses e psicoses, assim nomeadas pela psiquiatria, seriam a concretização de formas de existência em que o ser humano se vê amarrado, repetindo mecanicamente o movimento inerente ao papel que o reveste.

E a repetição, já dizia Freud, representa sempre a existência de uma verdade inconsciente que busca revelação. Desconhecendo o seu lugar no mundo, esse corpo reproduz, inconscientemente, o drama humano do qual é porta-voz.

Em uma existência cujo desenvolvimento foi barrado, o corpo se apresenta como um fantoche, envolvido em suas fantasias e perdido num passado em que não teve condições de se transformar, cumprindo o destino de repetir a verdade mascarada que o constitui como ser.

Para podermos compreender esse fenômeno, é necessário examinar o processo histórico pelo qual a corporeidade se constitui e se transforma, e no qual muitas vezes se perde na trama de fundo.

Processo do desenvolvimento da identidade corporal

Teoria da Matriz de Identidade: para Moreno, o conceito de identidade contém sempre, implicitamente, a idéia de papel. E, para o psicodrama, a teoria de papéis é ponto fundamental para a compreensão do desenvolvimento humano. Na concepção moreniana do desenvolvimento infantil, os papéis não surgem do Eu, mas é o Eu que surgirá a partir do desenvolvimento de papéis.

Logo após o nascimento, mediante a atividade respiratória, primeiro papel psicossomático, o bebê irá vivenciar suas primeiras experiências cenestésicas, em coação e coexistência.

Será nessa relação mãe-filho, nessa co-experiência, que irão surgindo outros papéis psicossomáticos, possibilitando ao corpo infantil ser o centro de ação momentânea, que se articulará por meio dos atos de mamar, defecar, urinar etc.

Nesse período do desenvolvimento infantil, fase de Identidade Total ou Unidade, a criança vivencia e experiencia uma ação compartilhada em que ser corpo é vivenciar um *corpo disperso*.

Serão os papéis fisiológicos que irão ajudar a criança, na experiência vivencial, a perceber, pelas sensações próprio e exteroceptivas, partes do seu corpo, e assim reconhecer-se como se essa parte fosse o seu todo. É essa vivência sensível, descontínua, sem unidade no tempo e no espaço, que possibilita ao corpo vivenciar um *Corpo Parcial* nessa fase da Matriz de Identidade.

Pouco a pouco, com a maturação do Sistema Nervoso e com o reconhecimento que recebe dos outros seres humanos que a cercam – reconhecimento que significa a possibilidade de se desenvolver e conquistar sua identidade própria e pessoal, e não a expressão dos desejos e expectativas alheias – é que a criança começará a unificar essas experiências sensíveis, parciais e momentâneas, conquistando uma vivência mais unitária: o *Corpo Próprio*.

E é por meio dessa conquista que a criança entrará na segunda fase do desenvolvimento infantil da Matriz de Identidade, a do *Reconhecimento do Eu*, a singularidade como pessoa.

A vivência unitária e subjetiva do corpo próprio, que já vinha ocorrendo na fase anterior, é agora realizada pela imagem de si mesma, que a criança consegue apreender através do espelho. Assim, a vivência interna do corpo se completa com a imagem externa revelada pela vivência especular, surgindo o Eu. Nessa fase, o corpo vivencia um *Corpo Pessoal*.

Para Naffah (53), nesse momento, o corpo se coloca como *pessoa privada* e acredita ser o centro do universo. É uma fase caracterizada pelo egocentrismo e de domínio sobre os que a cercam. Serão os limites, os "nãos", que lhe permitirão distinguir a realidade da fantasia, ou seja, que existe um espaço onde seu poder é limitado pela realidade – o corpo –, de outra dimensão onde imagina que pode realizar tudo o que quer – a fantasia.

A forma de reconquistar o poder perdido quando da vivência do limite corporal é identificando-se com o adulto; dessa forma, a criança representa ludicamente o seu papel, conquistando a função psicodramática, a capacidade do jogo simbólico, em que invertendo papéis com os pais descobre, por meio da ação, a rede dos papéis sociais na qual está inscrita sua identidade.

A função psicodramática, como capacidade de catalisar o imaginário e transformá-lo em ação, de reunificar fantasias e realidade, numa ação espontânea de conquista simbólica do mundo, transformará o corpo num "agente de conhecimento", pois, mediante a vivência psicodramática dos vários papéis familiares, a criança desenvolverá sua posição no mundo cultural, no mundo verdadeiramente humano, e seu corpo deixará o isolamento e a marginalização do seu mundo privado para descobrir-se *Corpo Simbólico*.

Essa é a terceira fase da Matriz de Identidade, fase do reconhecimento do tu e dos outros. Se conseguir atingi-la, a criança conquistará a unidade do seu ser no mundo através de um *corpo ativo*, que lhe confere sua posição real e, por isso mesmo, é capaz de transformá-la por meio do desempenho e da recriação do papel que lhe foi destinado.

O corpo vive agora mergulhado no real e posicionando-se segundo seu fluxo de transformação. Como corpo simbólico é capaz de apreender o real humano. Permanecerá existindo como corpo pessoal ou como corpo parcial em que seu desenvolvimento tiver se perdido.

Através do percurso que fizemos até aqui, fica claro por que descrevemos o corpo como fundamento existencial, e também fica justificada a própria constituição do psicodrama como terapia de ação. Existindo como um centro virtual ativo, o corpo está sempre mergulhado nesse compromisso indissolúvel com o real e constitui a condição básica da unidade existencial sujeito-mundo, como ponte de ligação entre passado, presente e futuro, entre o real e o imaginário.

Será como corpo-sujeito, jamais como corpo objeto Eu-Isso, ou seja, como um corpo virtual exposto a manipulações, que ele efetivará sua existência e sua responsabilidade de continuar e de redefinir o seu próprio sentido no mundo.

Teoria do Núcleo do Eu: As vivências psicossomáticas compreendidas também à luz da teoria do Núcleo do Eu serão de grande importância na fundamentação psicopatológica do somatodrama.

Vivências corporais cenestésicas, intero e exteroceptivas vivenciadas pelo contato materno, na fase de formação do Núcleo Egóico, de zero a dois anos, serão de fundamental importância na formação de uma identidade corporal. Rojas Bermudez (5), em sua teoria do Núcleo do Eu, propõe a idéia de que o Eu se forma a partir dos papéis psicossomáticos.

Por enfocar um modelo psicossomático da compreensão do desenvolvimento infantil, essa teoria vem compor com a teoria da Matriz de Identidade a compreensão do provável núcleo constitutivo das vivências psicossomáticas.

O modelo psicossomático amplia o conceito do papel, pois inclui as experiências extrapapéis que ocorrem durante a sua estruturação, ou seja, qualquer experiência durante a formação do modelo dos papéis psicossomáticos passará imediatamente a fazer parte dele.

Nessa proposta teórica, os papéis psicossomáticos estão ligados às funções fisiológicas indispensáveis à sobrevivência e vão se estruturar a partir da complementaridade entre o mundo externo e o mundo interno da criança, deixando marcas ou registros mnêmicos.

Para Bermudez, a sensação de existir, como primeira manifestação do psiquismo, predeterminado geneticamente, é que irá propiciar a experiência sensível através da atuação espontânea. Essa experiência é sentida como um fato próprio que compromete integralmente o organismo.

Estamos falando do mundo cenestésico, em que as sensações viscerais predominam e as reações são globais e indiscriminadas. Ex.: reflexo de muro. É a vivência de um si-mesmo fisiológico.

A experiência das sensações cenestésicas resultará nas primeiras marcas mnêmicas que, por meio da repetição e da maturação do sistema nervoso, vão delimitando os focos de sensação corporal, discriminando continente de conteúdo, e assim, pouco a pouco, o conteúdo passa a ser o não si-mesmo.

Inicia-se, então, a primeira diferenciação espacial-temporal, e das respostas globais surgem respostas corporais mais locais, ficando cada vez mais claro o que é receptor e o que é estímulo. Os estímulos podem ser interoceptivos (dentro de si) ou exteroceptivos (fora de si).

A marca mnêmica irá resultar da complementaridade, configurando um espaço interior na criança. Como conseqüência, ela irá descobrir o espaço exterior e este se tornará o responsável, e a ele será atribuída a descarga tensional, como nas carências, responsabilizando o tu pela falta. No início, o espaço externo é um contínuo para a criança (simbiose), o si-mesmo psicológico e sincrético. No espaço exterior está o meu e ainda não existe o eu.

Os papéis psicossomáticos de ingeridor, defecador e urinador irão delimitando o mundo interno do mundo externo, completando o Núcleo do Eu. Uma vez delimitado um Eu psicossomático, desenvolvem-se então os Eus psicodramático e social, resultando em um Eu Total.

O Eu Total é aquele que contém em si o Núcleo do Eu e é seu tradutor, recorrendo aos papéis psicodramáticos e sociais para se expressar.

Dias (14) usa o referencial da teoria de Bermudez, "Núcleo do Eu", em sua teoria da "Programação Cenestésica". Segundo Dias:

> O desenvolvimento psicológico básico vai acontecer no período de 0 a 2 anos e é, basicamente, cenestésico. Nessa fase, o Sistema Nervoso Central ainda está em processo de amadurecimento e as fibras nervosas não estão totalmente mielinizadas. Ocorre com isto um retardo na velocidade dos impulsos nervosos, principalmente os motores, assim como nos impulsos ligados ao ambiente externo, tipo tácteis, auditivos, gustativos, térmicos, olfativos etc., e também a parte relacionada aos impulsos proprioceptivos na orientação espacial. Essa criança tem mais desenvolvida a parte do Sistema Nervoso Interoceptivo, ligado às sensações viscerais, do que a parte do Sistema Nervoso Exteroceptivo, ligado à musculatura motora e sensibilidade da pele. Também é pouco desenvolvido o Sistema Nervoso Proprioceptivo, ligado às alterações de equilíbrio e postura espacial. Dessa forma, esse bebê está basicamente em contato com o seu mundo interior, constituído por suas sensações viscerais. O contato com o mundo exterior é pequeno, em contraposição ao contato com o interior cenestésico.

A teoria da Programação Cenestésica vem trazer um aprofundamento quanto ao mundo de sensações cenestésicas vivenciadas pelo corpo físico.

Segundo Victor Dias,

> ao imaginarmos o psiquismo de um bebê recém-nascido vamos encontrar um psiquismo basicamente voltado para as suas sensações cenestésicas. É um psiquismo quase virgem, pois nele estão registradas cargas genéticas, vivências intra-uterinas e sensações internas viscerais. Esse psiquismo recebe o nome de Psiquismo Caótico e Indiferenciado – PCI. A vivência do Psiquismo Caótico e Indiferenciado é a de uma sensação básica de existir.

O desenvolvimento dos modelos psicológicos é inato e faz parte da espécie humana. Portanto, esse desenvolvimento vai ocorrer de qualquer maneira, independentemente de como se irá dar a relação do bebê com o meio externo. Os climas afetivos facilitarão ou inibirão, em vários graus de intensidade, esse desenvolvimento, mas nunca o impedirão. Quando parte do modelo não se desenvolve, permanece uma sensação de algo que deveria existir, mas não existe. É vivenciada assim a falta, uma sensação de incompletude, de vazio. Por exemplo, num modelo de ingeridor incompleto a sensação de falta fica ligada aos processos de incorporação, satisfação e insatisfação, e assim também acontece com os outros modelos. A essa sensação de falta Dias chama de *Núcleo de Carência*.

Na medida em que os modelos não se completam, existe uma sensação de expectativa de que isto venha a ocorrer. Dentro do psiquismo fica um registro cenestésico de expectativa de que algo precisa e deve ser completado em algum momento. Essa sensação de expectativa gera um acúmulo de tensão à espera de ser descarregada com a finalização do desenvolvimento do modelo. A tensão acaba passando para os órgãos internos (coração, pulmões, intestinos, rins etc.) ou para os músculos, criando zonas de tensão muscular ou de desenergização.

Para cada modelo – de ingeridor, defecador, urinador – delimitam-se no Núcleo Egóico áreas – corpo, mente e ambiente

– que são responsáveis pelas emoções, pensamentos e percepções. Distúrbios ocorridos na formação desses modelos acabarão por acarretar alterações nas marcas mnêmicas que resultarão na má organização do psiquismo e irão produzir zonas de psiquismo caótico indiferenciado convivendo com zonas de psiquismo organizado diferenciado.

As zonas de PCI terão vivências não claramente identificadas, nem controladas, nem elaboradas, resultando em uma falta de integração, enquanto as vivências do Psiquismo Organizado Diferenciado – POD – serão identificadas, controladas e elaboradas.

Doenças e sintomas orgânicos podem ser compreendidos pelas vivências ligadas às Zonas de PCI. O que vemos é que, ao mesmo tempo que fazem parte da estrutura psicológica, em forma de sensações, não são identificados, elaborados, controlados e integrados no nível da vontade e do consciente. Essa defasagem irá manter a permanente sensação de um corpo parcial e fragmentado.

Todo ser que tem o seu desenvolvimento incompleto passará a ter uma perda parcial de sua Identidade Corporal, pois uma parte de si mesmo, embora exista, não é conhecida, nem explicada, nem controlada.

A necessidade que a pessoa tem de um diagnóstico nada mais é do que a procura de uma complementação para essa Identidade Parcial. Mas, na medida em que essa complementação vem de fora, servirá apenas como um rótulo, um pseudo-papel, no caso, o de "doente". Exemplo: eu sou asmático, sou cardíaco, rótulo que muitas vezes irá se transformar em um impedimento na busca dos seus conteúdos internos.

Dias dá como sintomas básicos da Patologia Psíquica:

1. Perda parcial de identidade.
2. Sensação basal de incompletude.
3. Insegurança basal permanente.
4. Sensação basal de medo.

Além da perda parcial de identidade corporal de que já falamos, no caso da doença também podemos notar a sensação basal de incompletude e insegurança permanente que poderíamos resumir como a sensação de não poder contar consigo mesmo, visto que a pessoa sempre se sente internamente insegura por não reconhecer seu corpo como próprio e uno.

A sensação basal de medo aparece de forma bastante acentuada nos sintomas e nas doenças orgânicas, pois ao não reconhecer seu corpo como próprio e pessoal surge um medo intenso de não poder contar consigo mesmo.

O Eu é que insere a pessoa na estrutura social por meio dos papéis e vínculos desenvolvidos que são, de certa forma, protegidos pelo Si-mesmo Psicológico – SMP –, que é um espaço psicológico verificável fisicamente como uma área pericorporal que nos rodeia, sentida como própria.

O SMP é o centro receptor das emoções, funcionando como um tipo de amplificador de estímulos que mantém o Núcleo do Eu em seu interior, mediante relações estreitas e contínuas. Todo estímulo do meio passa pelo SMP desencadeando, além da emoção-sensação, certo tipo de emoção de alerta.

Se esse estímulo for nocivo ou ameaçador ao Núcleo do Eu, haverá a expansão do SMP na tentativa de protegê-lo. Essa expansão ocasionará a redução da margem de liberdade do indivíduo por provocar uma conseqüente diminuição ou perda total dos seus papéis sociais.

Esse estado constante de defesa leva o Eu a perder sua capacidade de oferecer respostas sociais, na impossibilidade de exercer o papel social encoberto pela expansão do SMP. O Eu fica assim submerso no estado emocional e é obrigado a recorrer a respostas cunhadas nos papéis psicossomáticos, facilitando o aparecimento de velhas fantasias que se antepõem como obstáculos secundários. É o curto-circuito presente-passado, busca do passado como refúgio do presente (regressão) desatualizado. É o cenário que se impõe, e o fato presente fica deslocado.

Trilhando o caminho de integrar a Teoria da Matriz de Identidade e a Teoria do Núcleo do Eu, talvez seja possível compreender, dinamicamente, os sintomas e as doenças orgânicas.

Entendemos que nos papéis psicossomáticos estão inscritas todas as vivências de um ser humano, positivas e negativas. Esse registro conteria as vivências não alcançadas pela memória evocativa. Poderíamos usar a expressão memória organísmica. O registro é sensível não só para as relações humanas estabelecidas, mas para todas as situações vitais. O registro não se restringe aos fatos tidos como psicológicos, mas também os biológicos e sociais, ou melhor, sua integração.

Assim, na falha dos mecanismos psicológicos de resolução diante de um problema num estado de crise, ao ocorrer a expansão do Si-mesmo e a perda dos papéis sociais e psicodramáticos, restará ainda um primitivo nível de resposta, o fisiológico, originando as manifestações psicossomáticas sintomáticas, que nada mais são do que a representação corporal da angústia.

Em nosso trabalho, na medida em que nos defrontamos com pessoas em estado de ansiedade muito alta, o primeiro objetivo é o de reduzir esse campo tenso, favorecendo a redução do SMP, utilizando-nos de uma ação semelhante à usada na terapia de crise e nas terapias breves, ou seja, privilegiando o foco principal, no caso o sintoma físico, na proposta de reduzi-lo, visto que ele causa grande sofrimento e impede a pessoa de lançar mão dos papéis, tanto psicodramáticos (fantasia, emoções) como sociais.

É uma tarefa árdua, pois o terapeuta irá compor uma relação Eu-Tu, com o paciente, como agente participante. Será um mergulho vertical em um único foco, devendo o terapeuta emprestar sua parte sadia. Isso implica também a orientação para a família, ou até mesmo uma terapia familiar. Voltaremos a abordar esse assunto quando falarmos em manejo das várias etapas do processo terapêutico do somatodrama.

Retomando os conceitos citados anteriormente nas propostas teóricas evolutivas do ser humano, tanto no nível das relações como na compreensão das respostas fisiológicas aos estímulos do meio, podemos ter uma compreensão teórica e dinâmica da doença e do sintoma orgânico.

O conceito de Vínculos Compensatórios utilizado por Dias me agrada em especial, pois traz com clareza a experiência vivenciada pela pessoa portadora de uma doença ou sintoma físico, ao descrever como se dá sua relação com essa doença ou esse sintoma físico.

"Vínculos compensatórios são relações especiais que o indivíduo estabelece com as pessoas ou com coisas, delegando para outras pessoas ou coisas funções psicológicas de cuidado, proteção e orientação que ele deveria ter tido nos seus primeiros dois anos de vida, mas não teve. O vínculo compensatório tem como função tamponar a zona de Psiquismo Caótico Indiferenciado – PCI – excluída da identidade.

A Zona de PCI fica como que cristalizada no tempo e guarda os registros cenestésicos do clima inibidor, núcleo de carência, perda de espontaneidade e aflição crônica, tal qual foram sentidos, como bebê, pelo indivíduo."

Sintomas e doenças orgânicas podem ser compreendidos como cristalizações de Zonas de PCI excluídas, com as quais a pessoa estabelece essa estreita vinculação compensatória, entrando assim em contato diretamente com as experiências cenestésicas vivenciadas quando ainda não tinha capacidade de vivenciá-las no plano psicológico e emocional.

O rompimento ou o desmonte do vínculo compensatório vai implicar a vivência, em maior ou menor grau, das sensações registradas na Zona de PCI. E, pensando no que poderá ocorrer nesse caso, eu me recordo de Laura, paciente bastante jovem que me procurou pela sua dificuldade em emagrecer. Não chegava a ser obesa, mas sentia-se muito incomodada com seu excesso de peso.

No decorrer do seu processo psicoterápico, pudemos localizar o período de sua vida em que começou a não conseguir mais controlar seu peso. Foi na época em que teve de ir estudar fora e se manter só, sem a família. Lembrou-se de que logo que mudou tinha fortes crises de choro e sentia muita falta da mãe, o que com o passar do tempo foi melhorando, ao mesmo tempo que engordava e não conseguia mais manter o peso.

Casos como o de Laura são freqüentes, bem como os de pacientes que, quando rompem o vínculo compensatório, este já está estabelecido com uma dada doença, conforme ocorrido com Laura. Se esse engordar se transformasse em uma gastrite ou uma simples alergia, no caso de um regime bem-sucedido, o que estaríamos presenciando seria única e exclusivamente um deslocamento do vínculo compensatório na sua função de tamponar a Zona excluída do PCI.

Porém existe outra possibilidade. Se esse rompimento ou o desmonte do vínculo compensatório for acompanhado de perto pelo psicoterapeuta, poderá ser um instrumento eficiente no processo de rematrização, pois a Zona de PCI, uma vez vivenciada – nesse caso no contexto terapêutico –, pode caminhar para ser integrada na identidade corporal, ocorrendo a "Catarse de Integração".

Porém, isso só será possível na medida em que esse material depositado na Zona de PCI possa ser vivenciado cenestesicamente pela pessoa, ampliando sua Consciência Corporal, o que, por sua vez, resultará na possibilidade de aquisição de uma Imagem Corporal. Vivências cenestésicas refletidas podem ser transformadas em imagens que, reconhecidas como próprias e pessoais, poderão desenvolver novos significados, os quais, ao integrar-se, resultarão em uma Identidade Corporal.

Outros enfoques psicossomáticos

Outras teorias e diferentes enfoques trazem também sua contribuição na compreensão de como se dá o desenvolvimento humano no nível psicológico e corporal, e sua inter-relação: o psicossomático. Sapir (60), abordando a influência do meio sociocultural sobre a interação psicossomática, refere-se à importância dada pelos psicanalistas atuais às pesquisas concernentes às primeiras relações mãe-filho. A essas impressões arcaicas eles chamam de estados pré-genitais.

É no nível desses estados pré-genitais que ele localiza a possibilidade de somatização, a gênese dos transtornos psicossomáticos, mesmo quando estes se revelam bem mais tarde.

Em Kaufman (30) Alexander, abordando o fator psicodinâmico nuclear da asma, da gastrite e das úlceras, considera-o como sendo um conflito centrado numa excessiva dependência não resolvida em relação à mãe.

No mesmo texto, vemos que Garma informou sobre suas observações em seis enfermos de úlcera, psicanalisados, sendo seu enfoque psicanalítico de forte influência kleiniana. Ficou comprovada, em seus casos, a forte resistência das mães de seus pacientes em permitir que seus filhos se separassem delas.

Tal tipo de relação mãe-filho é característica das pessoas que padecem de diversas doenças. Alega Garma que essa relação impede o filho de separar-se psicologicamente da mãe de modo total, não permitindo, portanto, o desenvolvimento da relação com o objetivo real. E dá o exemplo da fala de uma de suas pacientes de úlcera com personalidade psicótica: "Minha mãe está dentro de mim e eu estou dentro da minha mãe".

Um tipo tão intenso de relação psicológica simbiótica poderia dar conta do fato de que o fator precipitante de maior importância nos pacientes de úlcera, assim como nas pessoas com transtornos psicossomáticos em geral, é a separação de uma figura materna.

Laing (35), abordando as modalidades de experiências interpessoais, narra a experiência de uma mulher de 34 anos, pouco depois do nascimento de seu terceiro filho. Embora não fosse encontrada qualquer doença orgânica, a senhora A. não conseguiu levantar-se da cama três semanas após o nascimento de seu filho. Durante cinco meses a senhora A. experimentou o que chamou de "Frio Mortal".

Para ela, sua epiderme tinha a palidez da morte. Suas mãos estavam estranhamente azuis, quase negras. O coração poderia parar a qualquer momento. Os ossos estavam tortos e corroídos. A carne apodrecendo. Quando regressou desse mundo da morte, sentiu-se muito mais viva. E sentiu, em suas sucessivas compreensões, "que seu corpo fora ocupado pelos corpos mortos" (a única exceção era o coração, que chegara a parar de pulsar por alguns instantes quando julgara o filho morto), e que isso vinha acontecendo há algum tempo antes de começar a sentir o frio mortal. Por meio da redescoberta de que o seu corpo se tornara uma espécie de cemitério, onde estavam enterradas partes de seu pai, irmão, mãe, regressara, de certo modo, do reino dos mortos, voltando à vida. São descritos pela senhora A. alguns dos elos que estabeleceu nos "lampejos da compreensão".

• Sua língua dava a impressão de estar torcida, mas apresentava-se normal	• Era a língua de seu pai que falecera após uma série de ataques
• Seu peito parecia oco, a pele amarelada	• Eram o peito e a epiderme do irmão no leito de morte
• Suas mãos de um branco-azulado	• Era a cabeça de seu filho numa crise de sufocação
• O coração	• Era o do seu terceiro filho. Durante a gravidez se suspeitava de alguma anormalidade
• Seus ossos	• Eram os ossos de sua mãe, que ficara aleijada por uma artrite reumatóide na primeira infância da paciente

No frio mortal, nada lhe parecera mais real do que estar agonizante. Morreria como o pai, a mãe e o irmão. Nada menos real do que a relação entre a língua, o peito, as mãos e os ossos com o pai, a mãe, o irmão e o bebê.

Considerações e suposições teóricas

A que considerações teóricas podemos chegar a partir desses enfoques?

1. Parece coerente afirmar que os fatores psicodinâmicos dos sintomas e das doenças orgânicas (vivência psicossomática) estariam localizados na primeira etapa do desenvolvimento do ser humano. Relacionados, provavelmente, com as primeiras experiências mãe-filho, no período de zero a dois anos de idade.

2. O período de zero a dois anos de idade é basicamente vivenciado através de sensações cenestésicas, não havendo clara diferenciação entre Mundo Interno e Mundo Externo.

3. A experiência de existir se dá pelo desempenho dos papéis psicossomáticos de respirar, mamar, defecar etc.

4. Freqüentes desequilíbrios no agrupamento dos papéis psicossomáticos poderão acarretar um atraso no surgimento do Eu experimentado, ou intensificar os distúrbios do Eu, impedindo assim o desenvolvimento de vínculos operacionais e de contato entre os conglomerados de papéis sociais, psicológicos e fisiológicos, privando a criança de experienciar e identificar o "Eu Total".

5. A criança que tem negada essa identidade corporal espontânea, nesta primeira etapa da Matriz de Identidade, provavelmente terá dificuldade no seu desenvolvimento de experienciar uma identidade corporal diferenciada, tendendo assim a manter uma indiferenciação eu-tu no nível corporal (Eu corporal parcial).

6. A indiferenciação eu-tu no nível corporal (identidade corporal parcial) poderá acarretar distúrbios no posterior desenvolvimento dos vínculos operacionais e de contato entre os demais agrupamentos de papéis.

7. Essa indiferenciação eu-tu no nível corporal (identidade corporal parcial) levará esse ser, em dada situação conflitiva, a não conseguir se expressar pela emoção, ação ou verbalização, mas somente exteriorizar este conflito por meio de sintomas ou alterações orgânicas.

8. Essas alterações somáticas serão a forma fundamental de expressão que será assumida no momento de conflito. Esse é o momento em que recorrerá ao envio de mensagem fisiológica corporal, primeira forma de relação que teve com o meio ambiente, na provável busca de um contrapapel (resposta) do Tu.

9. Toda doença, sintoma ou queixa física devem ser considerados psicossomáticos, uma vez que os aspectos somáticos e psíquicos estão intimamente ligados.

10. Esses sintomas e doenças passam a ser utilizados como meio de comunicação não-verbal ao Mundo Interno e Externo de seu portador. Quando não decodificados pelo meio ambiente e pelo emissor, irão favorecer a compulsão e a repetição do ciclo.

11. A carência de reconhecimento e a ausência de continente viável seriam os princípios responsáveis pela não-vivência de sensações e expressões próprias dessa criança, enquanto corporeidade espontânea. Essa não-vivência ocasionará uma indiferenciação do eu e do tu no nível corporal.

12. A não-diferenciação do eu e do tu no nível corporal provocará a permanência de uma Identidade Parcial do Corpo. Isso é o que ocorre na Vivência Psicossomática. Essa Identidade Parcial do Corpo irá comprometer o desenvolvimento de vínculos operacionais e de contato entre os demais conglomerados de papéis psicológicos e sociais, e bloqueará a espontaneidade.

13. Sendo assim, diante de uma situação conflitiva, essa pessoa não conseguirá se expressar pela emoção, ação ou verbalização, mas somente por meio de sintomas, doenças e alterações somáticas. Essa forma de comuni-

cação e expressão teria como objetivo reparar, no presente, algo que ficou truncado no passado.

14. Pode-se observar que esse movimento é circular e repetitivo. A não-diferenciação do Meio Interno e Meio Externo, motivada pela indiferenciação do eu e do tu corporal, fará com que a mensagem que se destina ao seu próprio Mundo Interno seja levada também para o Mundo Externo, que decodificará e responderá no nível de Mundo Externo.

Ampliando nossa compreensão, a Teoria da Comunicação (66) concebe um sintoma neurótico, psicossomático ou psicótico como uma mensagem. Em um primeiro momento pode parecer que o sintoma está endereçado ao meio ambiente, pois uma dor que é reconhecida é mais suportável que aquela que não desperta interesse em ninguém. Na realidade, o sintoma físico tem como endereço o mundo interno do seu portador.

Por não conseguir diferenciar de forma clara seu Mundo Interno e seu Mundo Externo, o emissor utilizará esse sintoma como mensagem para o meio ambiente. O meio ambiente, ao não perceber que essa comunicação pertence ao Mundo Interno do emissor, dará sua resposta considerando a mensagem apenas no nível do seu Mundo Externo.

O emissor (portador do sintoma), que também se vê impossibilitado de perceber que se trata de uma comunicação no nível do Mundo Interno, aceita a resposta dada pelo meio ambiente, deixando de procurar a resposta no seu Mundo Interno. Dessa forma, tenderá a se perpetuar a compulsão e a repetição do ciclo.

O desconhecimento teórico e a não-compreensão correta da mensagem-sintoma pelo meio ambiente, no caso do doente orgânico, podem ocasionar graves distorções e impedimentos para que a pessoa vá em busca de autoconhecimento.

Não é raro ouvirmos dizer que o doente "faz a doença", ou sofre para chamar a atenção, reduzindo e dando explicações simples e rasas para uma dinâmica tão complexa, o adoecer humano.

COMUNICAÇÃO

1. Comunicação Interna e Externa – Eu Corporal Total
   – Sujeito A
   – Sujeito B

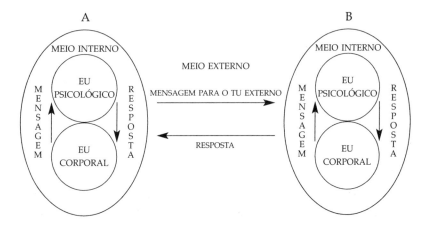

2. Comunicação Interna e Externa – Eu Corporal Parcial

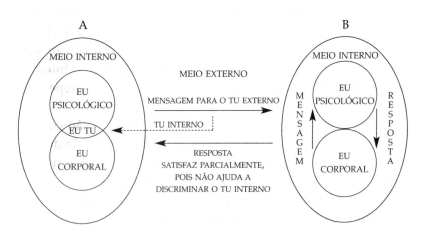

4
O corpo revela
o seu drama:
somatodrama

Levantadas essas suposições de que o corpo revela o seu drama, o somatodrama crê que a criança que teve negada a vivência corporal espontânea por meio dos papéis psicossomáticos de Ingeridor, Defecador e Urinador terá, provavelmente, dificuldade no seu desenvolvimento de experienciar uma identidade corporal diferenciada, tendendo a permanecer numa não-separação do Eu e do Tu no nível das sensações corporais – corpo parcial. Assim, seu Mundo Interno e Mundo Externo encontram-se misturados no nível das sensações corporais.

Essa indiferenciação diante de uma situação de conflito leva a pessoa que não consegue se expressar pela emoção, ação ou verbalização a somente exteriorizar esse conflito por meio de uma doença.

Outro ângulo a observar é o seguinte: um afeto-emoção não reconhecido como próprio e pessoal não pode ser direcionado através de uma resposta sensório-motora, uma ação para o meio ambiente, permanecendo assim dentro do indivíduo, provocando uma descarga de excitação sobre as próprias estruturas orgânicas, desorganizando-as e desintegrando-as.

A repetição e a persistência dessas configurações formarão um circuito fechado. E como se dá esse curto-circuito? A pessoa é impulsionada a buscar seu reconhecimento tentando romper com a vivência primitiva, na qual existir como corpo é ter a sensação descontínua na relação mãe e filho. Nessa impossibilidade de se expressar de forma livre e pessoal vai se encontrar aprisionada e impotente, não conseguindo transpor essa experiência arcaica de comunicação: a sensação.

Podemos observar essa vivência angustiante – onde não existe uma separação entre o eu e o tu – no enfermo, nos seus relatos, pois traz sua doença como se fosse uma entidade não pertencente ao seu corpo. Verbaliza: "Esta úlcera me mata, não me deixa em paz etc.".

Fala de outro ser que habita seu corpo e sobre o qual não tem nenhum controle voluntário, e ao mesmo tempo lhe proporciona uma vivência sensível de existir através das sensações cenestésicas. "Eu sei que existo porque sinto estas sensações", e aí se impõe a máscara num pseudopapel: o de doente.

O conflito é: "Sei que existo porque sinto as sensações cenestésicas (eu dor), porém não reconheço essas sensações como sendo 'minhas', pois não tenho controle sobre elas (tu), mas se as deixo vivo a sensação de não existir, então só me resta viver com elas", estabelecendo assim o Vínculo Compensatório com o sintoma ou a doença orgânica. E é diante dessa situação paradoxal que se encontram a pessoa que adoece e o terapeuta.

Poderíamos, psicodramaticamente, visualizar um cenário primitivo cristalizado, que nunca se modifica, onde uma trama de fundo não permite ao personagem principal retirar a máscara de doente, ou de um ser que só consegue comunicar seu drama por meio das sensações cenestésicas de um corpo parcial, pois o cenário e a trama de fundo lhe impõem o não ser uno individual.

Desconhecendo esse cenário (seu mundo interno), o ator comunica seu falso papel ao público na busca de um reconhecimento, porém aplausos (medicações) e cuidados médicos não irão possibilitar a reparação e a atualização de vivências passadas não resolvidas ou excluídas.

O reconhecimento da doença, por parte do terapeuta, será a porta de entrada. É o reconhecimento da linguagem fisiológica. No psicodrama é possível a revivência das experiências vividas na Matriz de Identidade original.

A Filosofia do Momento, uma constante psicológica na obra de Moreno, é mais uma sensação vital do que uma elaboração conceitual. Não é somente uma idéia, e sim uma atitude que se define com os verbos apurar e viver, em forma imperativa, como definiu Garrido Martin, e nos irá possibilitar essa abertura e entrada no mundo interno do paciente.

Na Filosofia do Momento, Moreno tenta captar a realidade humana tal como é, em si, em suas circunstâncias reais e existenciais, no conceito de "aqui e agora". Cada ser ou cada ato tem uma existência que se realiza em tempo concreto (o momento), em lugar concreto (*locus*) e em ambiente concreto (a Matriz). O conceito de Momento é ser, viver, criar. O Momento não é histórico, não se referenda no passado ou no futuro, mas os contém em si.

É com a experiência vivida no aqui e agora que estados inconscientes, revelados e vividos no encontro terapêutico, lançam a pessoa a uma nova possibilidade. Romper o que foi determinado, viver fragmentos do passado ou visões do futuro, presentificar uma nova experiência vivencial, traz uma abertura que irá produzir mudança e crescimento de forma espontânea e criativa. É a revelação do novo, do nunca vivido. É um ato de nascimento em que ator e autor expressam sua obra de forma visível, audível e tangível.

> É nesse lapso de tempo "concreto" que pensamento, sentimento e ação se transformam em uma mesma e única atividade, fundidas à semelhança do espaço-tempo-energia da física (...) Se passado e futuro são ausentes ou inexistentes ao exame objetivo na subjetividade fenomenológica, na psicodramatização eles existem, são presentes, são sentidos e vividos. (Almeida, W. Castello de, 1982, p. 71)

O terapeuta, na função de diretor do drama, parte integrante da experiência, auxilia com refletores (técnicas) a levar luz à cena e aos protagonistas, um de cada vez, possibilitando que sigam seus *scripts*, recriados ou criados, nos quais antigas fantasias podem dar origem a novas criações no "aqui e agora". Como em um nascimento, esse nascer criativo e espontâneo diante de novas situações requer uma etapa de aquecimento.

No processo de aquecimento criado por Moreno, todos os sentidos funcionam como iniciadores, por meio da própria percepção do indivíduo e dos seus vários processos – sejam eles sensações corporais, memórias, pensamentos, expressões verbais e imaginação, dar-se-á a abertura e a penetração na realidade do aqui e agora. Nesse momento o corpo é colocado diante de um espaço e de um tempo determinado no contexto dramático do "como se fosse".

Na função de ego-auxiliar, o terapeuta entra em relação com o protagonista, auxiliando-o na concretização de suas sensações e imagens, lançando mão, para isso, das técnicas do duplo, espelho, troca de papéis. Assim, lado a lado, protagonista e terapeuta irão revelando o ato criador.

Criação significa antes de tudo emoção vivida.

No psicodrama, qualquer pessoa pode experienciar sua versão de Deus Criador como criatura. Encarnar Deus no mundo psicodramático é sermos co-criadores e co-responsáveis por nossa própria história.

Crer no poder é testemunhar o nosso avesso, dando-nos a possibilidade de transcendê-lo.

Caso Mari

Um exemplo esclarecedor: Mari, portadora de lúpus, mulher de seus 35 anos, está em sessões individuais há mais ou menos seis meses. No início de nosso trabalho vinha às sessões sempre dizendo que seu problema era sua doença e tudo o mais em sua vida ia bem. Alegava ser a dor que tinha nas articulações, típica da doença, um impedimento à sua vida.

Mantinha uma atitude de oposição quanto à proposta de ação ou dramatização nas sessões. Era como se quisesse guardar como um tesouro suas dores que, sem dúvida, a protegiam da transformação, confrontação direta com situações de vida, remetendo-a sempre ao círculo vicioso de seus pensamentos, no qual permanecia ansiosa, buscando causas e explicações para suas dores e sua doença.

Sendo assim, resolvi propor a ela um trabalho de interiorização no qual não teria de fazer qualquer movimento que aumentasse suas dores.

Iniciamos então nosso trabalho, no qual lhe pedi que se deitasse e ficasse atenta à sua respiração, como forma de aquecê-la (processo de aquecimento). Após alguns minutos, nos quais a acompanhei lado a lado respirando também (Vinculação com ego-auxiliar), pedi que comunicasse, em voz alta, imagens, pensamentos e sensações que fossem surgindo, para que eu pudesse acompanhá-la.

Rapidamente iniciou a dramatização interna, relatando sensações corporais e imagens. Com movimentos e posturas corporais eu podia observar o que Mari imaginariamente vivenciava. Pouco a pouco se delineou uma única imagem, inicialmente difusa, na cor vermelha, levando Mari a acelerar sua respiração e aumentar seus movimentos que culminaram em soluços. Chorando disse: "Como dói, ai! São os morangos, estou muito só".

Quando lhe perguntei o que estava acontecendo, vivenciou uma história de infância: a saída do pai de casa (separação dos pais). E o vazio que foi preenchido pela espera, na promessa feita pelo pai de na volta trazer morangos, e o surgimento dos primeiros sintomas da doença.

Por meio das técnicas do duplo e da inversão de papéis, Mari foi levada à revelação da realidade, presentificando e experienciando no "aqui e agora" a sua dor, rompendo sua imobilidade e cristalização, o que lhe permitiu a busca de novos caminhos.

Na verdade, o que pudemos observar no caso de Mari foi o entrelaçar do real e do virtual, em que um movimento que acaba resulta em outro que se inicia, no qual imaginação e ações se corporificam. Por meio do Psicodrama Interno, o visível, sua doença, revela o invisível, o fora da luz, o excluído, que passa então a receber atenção especial, o protagonista se impõe a solidão e o vazio.

A catarse psicodramática não é um mero relembrar de fatos esquecidos ou recalcados, acompanhados de uma descarga de afetos. Mais do que isso, é a representação de um momento em que ocorre toda uma reorganização do sentido de existir, vinda da expressão e explicitação de uma estrutura oculta, invisível, desconhecida, mas presente. No caso de Mari, na medida em que se expressa como doença, ela persiste, modelando toda a sua existência atual. Revelada, vai produzir uma nova síntese existencial, desbloqueando a espontaneidade e transformando as relações de Mari com o mundo.

A catarse como movimento expressivo, vivido através da palavra e da ação corporal, transforma-se em uma "Catarse Integradora" que, experienciada, no caso, na relação com o terapeuta, possibilita a vivência de uma nova experiência relacional espontânea, não cristalizada na realidade presente. O momento em que terapeuta e cliente estabelecem um mútuo reconhecimento, o que Moreno chamou de relação "télica", é sem dúvida uma conquista do processo psicodramático.

A fase seguinte é a que chamamos de comentários, na qual, juntos, terapeuta e cliente, retomando as etapas da dramatização, reelaboram o processo e trocam as experiências vividas.

Essa vivência internalizada na sua seqüência – aquecimento, dramatização, comentários – possibilita, através do "como se fosse", diferenciar o real do imaginário, o mundo interno do mundo externo, o visível do invisível. Na encarnação de um Deus criador, transpomos para o plano corpóreo e perceptivo nossas fantasias e sonhos, devolvendo assim ao nosso corpo seu real papel de assegurar a metamorfose. Mesmo sendo um corpo cristalizado, ele ainda é capaz de revelar seu drama, por meio da estreita abertura do sintoma ou da doença.

Uma abertura ao ato criativo

Uma doença grave é um tropeço existencial a interferir na nossa história orgânica, afetiva, relacional, produtiva e sociocultural. A imagem e o esquema corporal são a consciência e o reconhecimento psíquico de valores e funções atribuídas a cada parte ou ao todo de nossa estrutura física. E é essa integridade da imagem e do esquema corporal que garante o nosso relacionamento com o mundo externo e a possibilidade de sermos reconhecidos como representantes da espécie humana.

Alterações anatômicas ou funcionais irão nos remeter, provavelmente, a experiências afetivo-emocionais de profundo luto, levando-nos a um estado de consciência corporal fragmentado e parcial, estado este vivido por nós, humanos, em períodos arcaicos, quando ainda não poderíamos nos reconhecer como um corpo próprio e pessoal e necessitávamos de um ego-auxiliar, no caso a "mãe", para vivenciarmos essa totalidade.

A experiência de fragmentação vivida na ameaça da morte e da mutilação gera estados afetivos ambivalentes de negação, levando-nos a estados psicológicos regredidos que, muitas vezes, podem expressar-se como sintomas e doenças orgânicas. Porém, essa é uma visão precipitada que atinge somente o primeiro momento dessa compreensão, pois se trata ainda de uma resposta ligada à imagem e ao esquema corporal que representam e possuem somente o significado sociocultural dado ao corpo.

No entanto, como revelam algumas pesquisas, os estados de solidão, dependência, vergonha, culpa e desejo de morte, que podem surgir após diagnósticos de doenças orgânicas, são níveis profundos de estados psicológicos ainda em construção de uma identidade corporal na relação mãe-filho, que deveria ter sido matrizada no período de zero a dois anos.

E nisso está a riqueza desse momento. É a abertura de uma grande passagem para memórias corporais arcaicas, é a possibilidade de um renascimento que, no somatodrama, chamamos de rematrizar nossa identidade corporal. Há sempre um elemento de morte a cada nascimento.

Rápidas e profundas transformações podem ocorrer no campo da nossa percepção quando estamos frente a frente com a morte e a mutilação: crenças são derrubadas, experiências interiores já esquecidas são retomadas e muitas vezes o estado de interiorização profunda em que mergulhamos nesse momento, que poderíamos nomear de "gestação simbólica", pode não ser compreendido pelo ambiente externo, e poderá ser interpretado unicamente como uma depressão reativa, julgando-se suficiente a indicação de psicofármacos.

Se nos colocarmos disponíveis para compreender esse momento e olharmos por outro ângulo, tendo olhos para ver e coração para sentir, poderemos compreender que a crise diante da morte nos abre a possibilidade da criação. Criar é uma brincadeira divina. Assim sempre foi e será. Sagrado e profano, divino e humano, unem-se para dar vida a uma nova criação.

Para criar temos de amar algo que ainda não existe, e é por meio dessa força espontânea que iremos transformar idéias, sensações, emoções, em realidades expressas pelo ato. E é aprendendo a compartilhar o amor que podemos dizer: percebo logo existo, logo sou co-criador como criatura. E para integrar o sagrado ao profano, em uma experiência de co-criação, como criador, por meio de um ato criativo espontâneo, é preciso dar um mergulho histórico.

Moreno, quando criança, por volta dos seus quatro anos, brinca de ser Deus, fazendo uma pilha de cadeiras na qual sobe, equilibrando-se nas alturas e pedindo aos amiguinhos que corram ao seu redor como anjos. Porém, logo se desequilibra e cai ao chão quebrando o braço. Conclusão: o limite da realidade se impõe pelo corpo.

Quando o limite assim se impõe corremos o risco, diante dessa frustração e dor, de limitarmos nossa percepção e consciência. Ampliar nossa consciência, por meio das experiências corporais, é romper com as cristalizações e fragmentações que nos condenam a uma identificação com a parte, e à perda da consciência do todo.

O somatodrama foi criado como uma proposta de compreender como ocorre o conflito corpo e alma, fragmentados, e como podemos nos valer desse conflito para a ampliação da nossa consciência no caminho da totalidade e unicidade.

O somatodrama, em sua proposta de ampliação da consciência através do conflito corpo e alma, foca sua atenção no corpo por acreditar ser ele o porta-voz de verdades inconscientes e que, uma vez reconhecido o seu drama, dará expressão à alma aprisionada que se revela sempre de uma forma mascarada.

O sintoma e a doença orgânica são vistos pelo somatodrama como os protagonistas do drama vivido, que emergiu no cenário corpo e no palco do seu universo relacional. O mesmo corpo que foi se mascarando a cada experiência e, assim, impedindo a expressão espontânea e criativa da essência, força dinâmica energética do psiquismo, será aquele que irá lutar para se integrar à sua essência.

A teoria moreniana, psicodramática, por intermédio da teoria da Matriz de Identidade do desenvolvimento infantil, revela-nos uma visão integrada do ser humano, na qual o concebe, antes e logo após seu nascimento, vivenciando um universo indiferenciado, ao qual chama de matriz, matriz essa existencial, que pode ser considerada o *locus* de onde surgem, em fases graduais, o Eu e suas ramificações, os papéis que são embriões precursores do Eu, que se esforçam para o agrupar e unificar. Existe nesse momento um corpo disperso: a identidade entre corpo, alma e mundo é total: eu sou. Criador e criatura experienciam o estado cósmico uno: eu sou o todo e o todo sou eu.

No exercício do desempenho de seus papéis fisiológicos de respirar, mamar, defecar etc. – papéis psicossomáticos – é que, pouco a pouco, identificando-se com determinadas zonas corporais, a criança irá experienciar um corpo parcial, sem unidade no tempo e no espaço.

A maturação do sistema nervoso e o reconhecimento recebido nas relações que estabelece com outros seres humanos irão permitindo que o corpo se reconheça. São essas sensações corporais, cenestésicas e cinestésicas, intero e exteroceptivas que, experienciadas, irão dando ao bebê uma sensação de singularidade.

É essa vivência unitária e subjetiva que possibilitará à criança experienciar um corpo pessoal que, aos poucos, permitirá que tenha uma imagem de si mesma. Com o reconhecer-se, por meio daqueles que o espelham, é que esse psiquismo poderá reconhecer esse corpo como próprio e pessoal. Perceber o dentro e o fora do corpo é também perceber o mundo externo e o mundo interior que irá experienciar.

Mas esse corpo ainda tem muito que aprender. Deve saber onde está, qual o lugar que ocupa no grupo de seres humanos em que nasceu. Esse corpo exige reconhecimento, deseja ser um corpo privado. E qual não é sua frustração quando se percebe limitado!

Identificando-se com aqueles seres humanos que o rodeiam, ele se incorpora representando seus primeiros papéis e colocando suas primeiras máscaras. Esse jogo dramático de ser um corpo em ação vai levando sua essência dinâmica e energética a sair do seu mundo de sonhador e criador e a participar, por meio da ação, de forma mais consciente, da relação com outros seres. Reconhece-se assim como corpo ativo na realidade. Reconhece assim seu corpo simbólico, corpo este capaz de apreender o real humano.

Como vimos, as máscaras e os bloqueios surgem muito cedo em nossa existência e são necessários para nossa evolução e crescimento. O que fazemos aos poucos é ir pensando como devemos usá-los para que não se tornem nossa identidade, paralisando nosso processo de crescimento e evolução.

Somente por meio de um corpo ativo – corpo simbólico – é que podemos nos transformar. Conhecendo e compreendendo os símbolos expressos por meio de sensações e da imaginação é que podemos recriar o desempenho dos papéis que nos foram destinados.

O corpo, na ação dramática, pode agora mergulhar no real e usando dessa capacidade de simbolizar e compreender os símbolos, sejam eles sentidos ou imaginados, irá se expressar num cenário, com personagens, trazendo a sua história pessoal para o grande teatro da vida.

No caso do aparecimento de sintomas físicos e doenças orgânicas, podemos pressupor que, na impossibilidade de vivenciarmos saudavelmente sensações cenestésicas e cinestésicas – sensações estas que irão permitir, pouco a pouco, que nos reconheçamos como um corpo pessoal, privado e simbólico –, não será possível a livre expressão das emoções por meio da ação ou verbalização nas relações no desempenho dos diversos papéis que temos na vida.

Sendo assim, poderemos ter de lançar mão de um pseudopapel, cristalizado, mascarado, ou de papéis primitivos, fisiológicos. Nesse momento podemos reconhecer os sintomas e as doenças, trazendo à cena, no aqui e agora, a busca impotente do reconhecimento como ser integrado, livre e pessoal. O reconhecimento da doença será a porta de entrada. É a possibilidade de aprendermos essa nova linguagem que é expressa pelo corpo.

O somatodrama tem como proposta não só a compreensão teórica, mediante a integração das várias formas de conhecimento abordadas neste trabalho, mas uma proposta de manejo psicoterapêutico, nas terapias em que sintomas e doenças orgânicas sejam o ponto focal.

Acredito não ser necessário reafirmar que, tão ou mais importante do que manejos ou técnicas, o terapeuta deve ter em sua formação a consciência ampliada na compreensão de que caminhará lado a lado com seu paciente, como parte integrante do processo de cura, na sua concepção mais ampla: cura como ampliação da consciência, em co-ação e co-responsabilidade.

Essa ampliação da consciência pode se dar por intermédio do corpo em três níveis de profundidade e conhecimento:

- *Primeiro nível* – Sou a doença. Esse nível é o da sensação, do corpo parcial, do corpo objeto.
- *Segundo nível* – Estou doente. Esse nível é o da emoção, corpo pessoal, corpo próprio, o conflito se instala.
- *Terceiro nível* – Experiencio a doença. É o nível da elaboração do corpo simbólico, em que a doença é uma experiência vivencial.

DESENVOLVIMENTO PSICOLÓGICO

UNIVERSO

1. Tempo MIT Indiferenciada

Sensação cósmica.
Sem diferenciação de objetos e pessoas.
Exercício dos **Papéis Psicossomáticos** – funções fisiológicas – ingeridor, defecador e urinador – mecanismos interoceptivos.
Tudo é real e presente. Foco e atos: aquecimento para atos do momento. Vivencia partes do processo como algo único.

Fase: CORPO

Indiferenciação: sensação basal de existir.
Corpo disperso: unidades fundidas.
Simbiose: o mundo se encarrega de cuidar.
Corpo parcial: sensações através do fisiológico.
Bebê se apropriando do ego.

Técnica: DUPLO

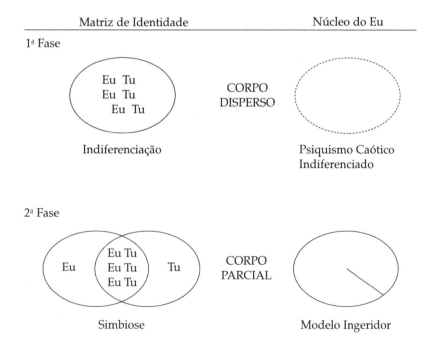

UNIVERSO

2. Tempo MIT Diferenciada

A criança começa a diferenciar objetos de pessoas.
Papéis psicossomáticos se desenvolvendo e amadurecendo.
Tudo é real, porém inicia-se a diferenciação de espaço e tempo (antes e depois da mamada – duração do próprio ato).
Desenvolvimento dos receptores físicos: visuais e auditivos no córtex cerebral. Sinais de atração e repulsa.
Desenvolvimento do ato espontâneo por várias partes do corpo, com amadurecimento e maturação dos fatores fisiológicos.
A interação das diversas zonas corporais garante a unificação do corpo, que, até então, era experimentado como partes fragmentadas: zona oral/zona anal.

Fase: CORPO

Reconhecimento do Eu e do Tu:
Divisão didática, mas acontece ao mesmo tempo.
Fase característica do egocentrismo.
Polarização em si mesma e posteriormente a criança concentra a atenção na outra parte estranha dela.
Corpo pessoal: a criança começa a tomar posse do seu corpo no mundo. Reconhece-se no corpo através da imagem externa.

Técnica: ESPELHO

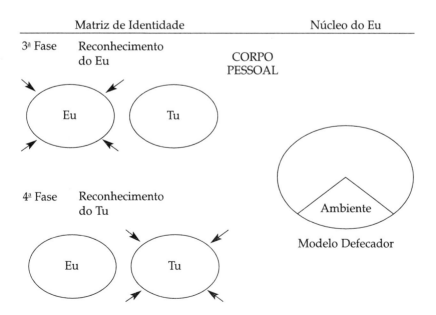

75

UNIVERSO

3. MI da Brecha entre Fantasia e Realidade

Novos cachos de papéis:
Psicodramáticos (Fantasia)
Sociais (Realidade)

Na entrada do Segundo Universo, a criança vai exercitando os Papéis Psicodramáticos, trocando e tomando o papel do adulto, reconquistando o seu espaço (Jogo Simbólico).

Fase: CORPO

Fase: **Inversão de Papel** – capacidade de representar o papel do outro, permitindo que este represente o seu (incluir-se do outro lado).
Corpo Simbólico: o corpo deixa seu isolamento e passa a ser agente do conhecimento. A criança usa o corpo para desenvolver os papéis atingindo a posição cultural no mundo. Foi-lhe dado o papel de filho; no final dessa fase, ela toma esse papel, tornando-o um papel social.

Técnica: INVERSÃO DE PAPEL

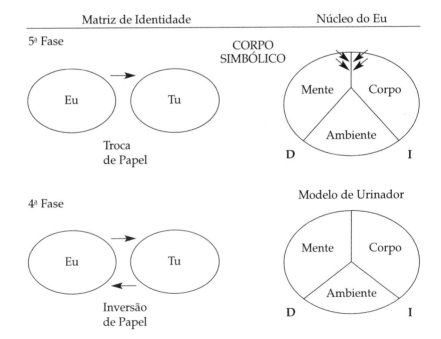

QUADRO RESUMO

Momentos	Matriz de Identidade	Núcleo do Eu	Identidade Corporal	Desenvolvimento de Papéis	Somatodrama	Técnicas
Iº Universo	Fases	Fases	Corpo	Papéis	Níveis de Consciência	
1º tempo Momento da Unidade	Total Indiferenciada Simbiose	Si mesmo Sincrético Ingeridor	Corpo disperso Corpo parcial	Psicossomático	Sou	Duplo Solilóquio Consciência Corporal
2º tempo Momento do reconhecimento do Eu	Total Diferenciada Reconhecimento do Eu a partir do reconhecimento do Tu	Defecador	Corpo próprio Imagem Corporal	Psicossomático	Tenho Estou	Solilóquio Espelho Resgate de Emoções Psicodrama Interno
IIº Universo Brecha entre Fantasia e Realidade	Tomada de Papel Inversão de Papel	Urinador Desenvolvimento de Papéis	Corpo pessoal Imagem Corporal Corpo Simbólico Identidade Corporal	Sociais e Psicodramáticos	Estou Experiencio	Psicodrama interno Tomada de Papel Troca de Papel

5

O método de ação psicodramática nos sintomas e nas doenças orgânicas – Somatodrama: "Tudo tem seu tempo"

Tudo tem seu tempo. Há um momento oportuno para cada empreendimento debaixo do céu. Tempo de nascer e tempo de morrer; tempo de plantar e tempo de colher a planta.

(Eclesiastes 3:1-2)

... 1978, em uma manhã, como era de costume sempre que nos reuníamos para a supervisão com Victor, se não me engano na rua Gumercindo Saraiva. Faziam parte desse grupo muitos médicos e éramos uns poucos psicólogos, eu e talvez mais um ou dois. No ano seguinte, 1979, a primeira turma de psicodrama do "Sedes Sapientiae", da qual eu fazia parte, iria se formar. E para termos a titulação de psicodramatistas e, posteriormente, de terapeutas de aluno, deveríamos apresentar uma monografia. Eu estava muito animada; idéias e propostas do tema a abordar surgiam a cada momento em minha mente. Lembrei-me de algo que li que dizia ser nossa escolha profissional um bom uso de nosso sintoma e, sendo assim, toda tese bem escrita refletia a imagem do desejo do autor. Não tive mais dúvidas; meu tema seria: "Uma contribuição psicodramática às vivências psicossomáticas". Naquele dia de 1978 apresentei a idéia ao grupo de supervisão. Vários colegas me questionaram sobre a escolha e sugeriram que procurasse outro assunto, pois não lhes parecia aconselhável uma psicóloga se aventurar no campo da doença e do sintoma físico.

Fui tomada por uma grande frustração. Pensei até em desistir da idéia, mas as lembranças de filha caçula, com significativa diferença de idade de minha única irmã, as crises de asma na minha infância, e uma seqüência de sintomas orgânicos e algumas cirurgias após a morte prematura de meu pai, quando eu tinha apenas 15 anos, me fizeram persistir na escolha de ter uma monografia bem escrita.

Essa não seria a única razão, nem mesmo seria suficiente, a não ser para o empurrão inicial. Acontece que nessa época eu iniciava minha carreira de psicóloga clínica e contava com os encaminhamentos de uma médica muito amiga, que me colocou frente a frente com a proposta de realizar um trabalho psicoterapêutico com pacientes com queixas orgânicas.

E contando mais com minha intuição do que com conhecimentos sobre psicodrama, aventurei-me a descer aos infernos, e de olhos fechados, e apavorada, mas com fé aceitei trabalhar com as doenças orgânicas.

O medo era grande, a insegurança maior. Lembrei-me de haver lido a frase: "Que bom que os demônios são imortais – para sorte dos feiticeiros cujo ganha-pão depende deles". Era terrível pensar que talvez nos próximos anos, e aí se foram muitos mais, eu iria me dedicar ao meu sintoma. E pensava aquela frase que continuava assim: "no ano seguinte os mesmos ritos devem ser realizados novamente".

Durante os três anos que se seguiram, até 1982, quando finalizei e apresentei a monografia, trabalhei com dedicação e fé nas minhas idéias e práticas. Porém hoje, após quase vinte anos, mesmo sabendo um pouco mais de psicodrama, continuo acreditando que intuir e crer são recursos internos indispensáveis para quem se propõe a trabalhar com sintomas e doenças orgânicas.

Fui aos poucos experienciando propostas e formas de trabalho que poderiam dar alívio àqueles que me procuravam atormentados pelo medo da morte e pela dor física. Fui aos poucos descobrindo e compreendendo que a ciência não é uma mera descrição da realidade, ou do fenômeno observado, mas

80

sim uma ordenação metafórica da experiência vivenciada a dois no contexto psicodramático. Assim fui perdendo a ingenuidade de acreditar que o caminho da ciência é a busca ordenada da realidade.

A física Ilse Rosenthal Schneider [Dorsey (19)] assinala: "Einstein afirma que o conceito de um mundo exterior real de nosso pensamento cotidiano apóia-se exclusivamente em nossas impressões sensoriais...". Plank, que descobriu o *quantum*, o pacote fundamental de energia, enfatizou que "(...) não existem coisas observáveis na imagem mental do mundo. As coisas observáveis pertencem ao mundo das experiências sensoriais...".

E assim minha pesquisa evoluía à medida que eu descobria que amar, tocar, partilhar, associar-se, ou seja, entrar em relação com meu paciente, resultava em efeitos extraordinários sobre seu estado físico e psíquico. Eu ia descobrindo, na prática, conceitos tais como Transferência, Tele e Princípio da Unidade.

Podemos entender a nossa unicidade pessoal como fazendo parte da unicidade básica do universo, pela origem dos elementos que nos constituem, das substâncias químicas que fazem parte do nosso corpo, mas também em relação às leis físicas que nos regem. A natureza é parte de nós como nós somos parte dela.

Compreendendo esse princípio, eu poderia pensar, naquele momento, que o desequilíbrio e a desorganização do corpo com a doença poderiam também ser a idéia de criar uma nova ordem, bem como despertar para a existência de novas possibilidades.

O conflito corpo e alma parecia favorecer e criar um caminho para mim, pois o sintoma e a doença saltavam agora aos meus olhos como a possibilidade de uma nova visão, na qual o corpo passa a ser reconhecido como o porta-voz que traz em si a sabedoria, como o resultado da sua vitória sobre os incansáveis ataques sofridos à sua integridade. O corpo tornava-se, para mim, aquele que iria mostrar a rota a ser seguida.

Reconheço o corpo como o cenário onde irá se desenrolar o Drama. Trata-se de poder olhar o corpo como parte e saber que nela está contido o todo. Trata-se de sermos capazes de acreditar que essa é a estreita passagem por onde será dada à pessoa que adoece a possibilidade de mergulhar nas profundezas de seu ser e, assim, poder renascer como autor de sua própria história corporal.

Em minha prática psicoterápica tenho como proposta trazer a doença orgânica, na crise ou na cronicidade, como protagonista que irá expressar o drama daquele ser que adoece, no cenário corpo, em sua constante busca de ser no Universo, do qual seu mundo interno e relacional é parte.

O somatodrama pode ser realizado individualmente ou em grupo. No caso de atendimento grupal, a prática tem mostrado que melhores resultados são alcançados quando o grupo é constituído por pessoas portadoras de uma mesma doença.

Pode ser realizado em consultório, hospitais, ou em atendimento domiciliar, no caso de pessoas impossibilitadas de se locomover. É uma proposta de psicoterapia focal no sentido de ser um atendimento sistematizado que objetiva e foca a queixa da doença, buscando alívio e descarga de tensões intrapsíquicas na crise, de forma a possibilitar outras vias de expressão além das vivências psicossomáticas.

Santos (59) acredita que é possível, através de um foco, chegar a núcleos profundos. Que isso irá depender da relação Eu-Tu, paciente-terapeuta, vinculando-se sempre à parte sadia da pessoa. Sem temer seu papel de "agente participante", o terapeuta embarcará também nessa experiência, formando uma associação para realizar a "travessia do inferno".

O sucesso desse processo vai depender dessa parceria. Contar também com uma equipe médica que compartilhe essa postura será de fundamental importância para a obtenção de resultados satisfatórios nessa caminhada.

Essa postura e compromisso assumidos é que nos darão o direcionamento e um claro modelo de trabalho.

Somatodrama: modelo de trabalho dividido em três momentos:

1. Vinculação.
2. Consciência corporal.
3. Resgate das emoções.

1. Primeiro momento – vinculação

A vinculação se dá por meio de:

a) Entrevista
b) Pesquisa de dados
c) Contrato de trabalho

a) Entrevista

A partir da 1ª entrevista, o terapeuta deverá estabelecer uma comunicação cuidadosa com a pessoa que o procura, que chega trazendo como foco queixas de sintomas e doenças orgânicas, pois esse ser, apesar de nos parecer, à primeira vista, dono e senhor dos conhecimentos a respeito do seu corpo e de sua doença, ainda desconhece o lugar que ocupa como autor e ator do seu próprio drama.

Estamos diante de alguém que se sente impotente ante o temor da morte, paralisado pelo medo, ou no seu extremo oposto, hiperativo, impedido, em qualquer desses estados, de ter uma expressão espontânea e criativa que lhe mostre uma possibilidade de "encontro" consigo mesmo.

A comunicação terapêutica faz-se de forma cuidadosa, pois está se realizando na fase do reconhecimento do Eu, da Matriz de Identidade, na qual esse ser só se reconhece por meio de um corpo parcial.

O primeiro passo é confirmar sua existência. Pois sentimentos e afetos só terão sentido interno na medida em que encontrarem ressonância no meio externo. É por meio de respostas verdadeiras dos "egos-auxiliares" que irá se iniciar o processo do reconhecimento.

Para alguém que está confuso, a abordagem franca e confirmatória de sua existência é o reconhecimento de sua angústia. Nesse caso, o reconhecimento do sintoma e/ou da doença orgânica será a forma de estabelecer um primeiro contato. Para tanto é necessário que o terapeuta esteja familiarizado com os principais conceitos da teoria da comunicação desenvolvidos pelo grupo de Palo Alto – pragmática da comunicação –, ou seja, os conceitos de níveis e modos de comunicação (66).

A comunicação pode ser feita de duas formas: analógica e digital.

A mensagem digital, cujo significado é reconhecido convencionalmente por todos, é expressa de forma verbal.

A mensagem analógica, por outro lado, é a mensagem não-verbal que propõe uma relação entre os comunicantes e classifica a mensagem digital.

É fundamental que em uma relação dialógica (como a que deve haver entre terapeuta e cliente) haja concordância em uma mesma mensagem nos seus dois modos, evitando-se o que foi chamado por Bateson e sua equipe de Palo Alto de dupla mensagem.

Quanto aos níveis de comunicação, estes dizem respeito estritamente ao conteúdo relacional da mensagem com o qual o indivíduo interage, oferecendo mútuas definições de suas relações e, conseqüentemente, de si próprio.

Tais níveis são:

Confirmação: A mensagem é aceita pelo receptor tanto no nível do conteúdo quanto da relação, isto é, confirma-se a existência do emissor como alguém que sente, pensa ou percebe o que está comunicando.

Rejeição: (negação) O conteúdo da mensagem não é aceito pelo receptor, porém preserva-se o direito do emissor de expressar algo que realmente está sentindo, pensando ou percebendo.

84

Desconfirmação: Neste nível, desconsidera-se o direito da pessoa de sentir o que sente, pensar o que pensa e perceber o que percebe, enfim, desconsidera-se o seu direito de existir.

Como essa comunicação se dá em seu conteúdo? É comum o paciente chegar solicitando um atendimento semelhante a uma consulta médica. Vem em busca de alguém que prontamente possa aliviar suas dores ou mostrar uma saída mágica para sua doença.

Quando não, chega culpado, com psicologismos e explicações errôneas, ou mesmo acreditando ser o único responsável pela sua doença. Ex.: "Eu fiz este câncer, e agora, como devo controlar minha mente?", criando assim para si um estado de vergonha, culpa e isolamento.

Pode ocorrer também a recusa do tratamento, e o principal motivo seria o próprio reconhecimento da doença. Porém, não se opõe a vir às sessões, mas o faz delegando ao terapeuta a total responsabilidade de acreditar, por ele, e realizar, por ele, o tratamento.

Este não deve ser, em absoluto, motivo de recusarmos o cliente, julgando não haver uma demanda terapêutica.

Muito pelo contrário, essa é uma forma esperada no enfermo orgânico que se encontra muito dependente e fixado em uma fase regredida de seu desenvolvimento. O estado regredido em que se encontra a pessoa muitas vezes é reforçado por outros profissionais que possam estar participando de seu tratamento, como o médico, o fisioterapeuta, enfermeiros e outros, os quais, por desconhecerem o processo psicológico em que o paciente se encontra, nem sempre propõem uma participação, comprometida e ativa, da pessoa durante o tratamento.

Confirmada nas suas sensações, a pessoa já está mais disposta a nos dar algumas informações importantes sobre outros aspectos da sua vida que, porém, virão sempre permeados pela questão da doença ou do sintoma orgânico, assumindo assim o pseudopapel de doente, único desempenho possível nesse momento.

b) Pesquisa de dados

Não deve ser direcionada. Há que buscar, na história da doença ou do sintoma orgânico, dados ligados às fases de ingeridor, defecador e urinador, que deverão receber especial atenção por parte do terapeuta, pois o objetivo do trabalho terapêutico é detectar qual a área de "Tensão intranúcleo" e prováveis regressões e cristalização nas diferentes fases da Matriz de Identidade (ver Quadro Resumo).

Nessa etapa, muitas vezes se faz necessário dar explicações sobre o trabalho que será realizado, e alguns porquês, levando-se em conta que o enfermo, nesse primeiro momento, geralmente desconfia da eficiência do trabalho psicoterapêutico no caso da doença orgânica. Por isso precisamos esclarecer o cliente sobre nossa postura psicossomática e quais as diferenças com o trabalho médico.

c) Contrato de trabalho

O que chamamos de contrato: é o estabelecimento de um clima de aceitação, continência e proteção. Cabe ao terapeuta trabalhar com os afetos regredidos, como pânico, medo da morte, impulso suicida, raivas e culpas diante da doença.

A constante solicitação que irá surgir durante todo o trabalho terapêutico deverá ser acolhida pelo terapeuta, pois não é raro o cliente chamar por telefone a cada sensação que possa perceber em seu corpo e, muitas vezes, ir ao consultório fora do dia e do horário da sessão querendo "falar só um pouquinho", ou mesmo chegar bem antes da sessão e permanecer após seu término na sala de espera.

Os atendimentos realizados no leito hospitalar, ou na residência, vão depender de um contrato claro com a família, do valor a ser cobrado, quantos atendimentos serão realizados, e é desejável um entrosamento com os demais profissionais envolvidos no tratamento do paciente, bem como ir clareando e ajustando o papel psicoterápico, o que deve também ser realizado com a família.

Quanto à família, nesse momento ela também requer cuidados, pois toda a dinâmica familiar vem à tona. Instala-se muitas vezes um verdadeiro caos, no qual também estará inserto o terapeuta escolhido, na maioria das vezes, para fazer o papel do "salvador". Paciente e família delegam ao terapeuta a responsabilidade por toda e qualquer decisão a ser tomada. Nesse caso, costumo chamar a família, esclarecer como vamos trabalhar e como poderão participar e colaborar no processo, e quais as limitações e dificuldades com que podemos nos deparar no caminho.

Consolidado o vínculo, ele pode ser conceituado como "uma estrutura dinâmica em contínuo movimento, que engloba tanto o sujeito quanto o objeto". Massaro (41) considera o vínculo normal, quando ambos têm a possibilidade de fazer uma livre escolha do objeto como resultado duma boa diferenciação entre ambos". Poder-se-ia dizer que temos duas pessoas, uma das quais especializada em certo nível da problemática humana, e outra como testemunha direta dessa problemática. O funcionamento dessa relação dependerá da atitude de ambas.

Poderemos considerar o vínculo como o início da psicoterapia, pois sem ele ela não poderá ocorrer.

2. Segundo momento: consciência corporal

Tudo se passa como se o oficiante tratasse de conduzir uma doente, cuja atenção ao real está indubitavelmente diminuída – e a sensibilidade exacerbada – pelo sofrimento, a reviver de maneira muito precisa e intensa uma situação inicial, e a perceber dela, mentalmente, os menores detalhes. Com efeito, essa situação introduz uma série de acontecimentos da qual o corpo e os órgãos internos da doente constituirão o teatro suposto". [Levi-Strauss (36)].

O mesmo trecho poderia ser escrito assim: o terapeuta, na função de diretor da cena, conduz a doente, cuja atenção ao real está indubitavelmente diminuída e a sensibilidade exacerbada pelo sofrimento, em um estado alterado de consciência, trazendo nessa abertura do momento, no aqui e agora, a possibilidade de reviver de maneira precisa e intensa uma situação inicial, em *status nascendi*, e a de perceber dela, mentalmente, os menores detalhes. Com efeito, essa situação irá propiciar que a protagonista traga à cena o corpo e os órgãos internos, revelando o seu drama.

O trecho citado foi retirado do primeiro grande texto mágico religioso proveniente de uma cultura sul-americana, sobre a cura xamanística em um parto difícil de tribo indígena. O parto difícil se explica como um desvio, pela "alma" do útero, de todas as outras "almas" das diferentes partes do corpo. E, uma vez libertadas essas outras almas das diferentes partes do corpo, a desviada deve e pode retomar a colaboração. Sendo assim, essa força não é realmente má, é uma força transviada que deve ser conduzida, voltando ao equilíbrio.

É com essa precisão que a ideologia indígena vai delinear o conteúdo afetivo da perturbação fisiológica, tal como pode aparecer na maneira não formulada na consciência do doente. É o corpo como porta-voz de uma verdade inconsciente que pede revelação.

O fascinante é que, para atingir a alma desviada, o xamã e seus assistentes devem seguir uma rota, "o caminho do muu", neste caso o método terapêutico, que na maioria das vezes é eficaz e consiste em uma luta dramática entre os espíritos protetores e os malfazejos pela reconquista de uma "alma". O "caminho do muu" como método terapêutico irá revelar, passo a passo, o drama entre o corpo e a alma, no qual a busca do equilíbrio estaria em resgatar todas as partes do corpo, tornando-o mais uno, possibilidade de cura, através da catarse integradora.

Moreno (49), citando a *Poética* de Aristóteles, reelabora a idéia de catarse, deslocando-a para o ator: "... o fundamento em que se baseia a análise do teatro não é um produto acabado, mas a realização espontânea e simultânea de uma obra poética, dramática, em processo de desenvolvimento, desde o *status nascendi* em diante, de etapa em etapa, o 'caminho do muu'".

A catarse vai se dar assim nos atores espontâneos que revelam e produzem seus personagens e ao mesmo tempo libertam-se deles. No psicodrama, a catarse se dá por meio da criação e liberação pela ação, na busca da remoção do sintoma: a catarse integradora. O ritual de cura xamânica e a catarse no teatro terapêutico parecem semelhantes.

A *Consciência Corporal* a que nos referimos é a que observamos nos textos citados anteriormente e é muito mais do que a aplicação de uma técnica.

A espontaneidade – a criatividade, vivida e experienciada na ação – é a possibilidade de o ser entrar em relação. É o oportuno, no momento necessário, é a resposta pessoal integrada ao seu contexto e origem. É a condição prévia para sermos libertados.

O aquecimento para o ato espontâneo é indispensável, pois dá direção às energias físicas, tirando-nos do medo paralisante diante de uma nova situação, ou de seu oposto, a agitação física.

Moreno introduz o processo de aquecimento (*warming up*) a partir da compreensão da preparação para o nascimento de estados espontâneos. É a entrada do ator em cena. Processo de aquecimento que irá se expressar somaticamente, pelas reações do próprio corpo: respiração acelerada, bocejos, tremores etc., que estarão relacionadas à ansiedade, ao medo.

Sendo assim, essas expressões somáticas serão uma porta de entrada ao mundo interno da pessoa que, nesse momento, estará disponível para a mobilização do fator espontaneidade. É quando se rompem as cristalizações e repetições e, assim, abre-se a passagem para que o corpo tome consciência, à medida que se expressa por meio do movimento, da ação, no ambiente. Esse é o *status nascendi*, é o momento privilegiado em que tudo começa.

No caso da pessoa que adoece fisicamente, a vivência das sensações corporais é constante, porém cristalizadas em uma área ou outra. Por estar o tempo todo centrado em seu corpo, ela se encontra impedida de expressar-se livremente por meio da ação.

A contribuição de Reich (57) é fundamental quando falamos de consciência corporal. Reich observou que a qualidade do impulso biológico em direção ao mundo era determinada pela psique, enquanto a quantidade o era pelo soma. Na verdade, concluiu que na energia biológica havia uma dinâmica de natureza psicossomática. Notou que a musculatura do corpo muitas vezes exercia uma função inibidora para conter a expressão desses impulsos. Essas observações foram por ele constatadas em sessões de psicoterapia. Quando a pessoa relaxava ou alterava as atitudes musculares, todo o seu corpo era tomado por sensações como tremores, náuseas, bocejos, distúrbios gastrointestinais, aos quais ele chamou de "correntes vegetativas".

O que venho observando no atendimento a pacientes é que, na medida em que iniciamos o processo de aquecimento inespecífico para a ação, a resposta é semelhante à descrita por Reich como "corrente vegetativa". Essa forma de expressão confirma a existência de áreas do corpo em que há mais concentração de energia que, quando movimentada, mesmo de forma bastante sutil, desloca-se para áreas menos energizadas; e, quando encontra algum impedimento em seu movimento, têm a tendência a se concentrar nessa área corporal, expandindo-se até ocorrer a descarga.

Isso pode ser também observado nos movimentos involuntários que o corpo realiza durante o trabalho de consciência corporal, e sentido pelo paciente, quando esses movimentos são focados pelo terapeuta.

Um dos recursos que gosto de utilizar é a respiração como aquecimento inespecífico em pacientes passivos ou hiperativos. A respiração, com seu livre movimento do inspirar e expirar, que deve ser acompanhado pela respiração do terapeuta, facilitando a vinculação paciente-terapeuta, na sua função de movimento vital, oxigenando os centros vegetativos, produz, através da sensação de abandono e entrega, um estado alterado da consciência.

É nesse estado alterado de consciência que as sensações do corpo, polarizadas e fragmentadas em áreas de concentração de energia, irão se organizar de forma mais totalizadora. É como se esse estado mais consciente das sensações corporais parciais fosse formando uma corrente, em que as sensações se ligam umas às outras trazendo uma consciência de corpo integrado. Existe uma auto-regulação espontânea em todo organismo humano nessa distribuição de energia biológica. Essas funções estão relacionadas com o sistema nervoso autônomo. As pesquisas sobre inervações vegetativas dos órgãos mostraram que o sistema parassimpático funciona quando há expansão, e o simpático quando há contração, e é nessa experiência contínua e alternada de contração e expansão que irão ser rematrizadas as primeiras experiências vivenciadas pelo ser humano no desenvolvimento e na formação dos papéis psicossomáticos de ingeridor, defecador e urinador. É dessa forma que o corpo, consciente de suas sensações, coloca-se em cena, podendo agora ir revelando seu drama, na medida em que realiza, juntamente com o terapeuta, na função de ego-auxiliar, o "Caminho do Muu" – no resgate da alma desviada.

3. Terceiro Momento: Resgate das emoções

As pessoas representam diante de si mesmas, como o fizeram alguma vez por necessidade, em ludibrio autoconsciente, de novo a mesma vida. O lugar do conflito e o do seu teatro é o mesmo. A vida e a fantasia assumem a mesma identidade e o mesmo tempo. As pessoas não querem superar a realidade, querem expô-la, re-experimentam-na, são os seus donos, não só como seres fictícios, mas também em sua verdadeira existência... Para poder escapar de suas jaulas, rasgam suas feridas mais profundas e secretas, e elas sangram agora eternamente, ante os olhos da gente. [Moreno, (48)].

No terceiro momento, no trabalho do resgate de emoções, um dos instrumentos de ação psicodramática que tenho usado é o "Psicodrama Interno", técnica de Fonseca e Dias, aprimorada por Dias.

A citada técnica teve de sofrer algumas adaptações, visto que o trabalho com doentes orgânicos nem sempre conta com condições ideais, porém sua compreensão e fundamentação na psicoterapia nas "Zonas de Exclusão" de Dias foram por mim inteiramente acolhidas.

As Zonas de Exclusão, como as define Dias (14), são duas. Ele diz: "... a 1ª Zona ocorre nos primeiros dois anos de vida e está relacionada à má estruturação dos modelos psicológicos (ingeridor, defecador e urinador) pela atuação de climas inibidores. A má estruturação dos Modelos Psicológicos vai ocasionar a não-diferenciação do Psiquismo Caótico e Indiferenciado – PCI – em Psiquismo Organizado e Diferenciado – POD – e, portanto, uma discriminação incompleta das Áreas psicológicas: mente, corpo e ambiente.

Essa fatia de psiquismo que permanece indiferenciada chama-se Zona de PCI. Ao redor dos dois anos a dois anos e meio de idade, esta Zona de PCI é tamponada por um Vínculo Compensatório/Simbiótico e passa a ser a partir daí a 1ª Zona de Exclusão do Psiquismo".

Na Zona de Exclusão fica o registro do Clima Inibidor como foi vivido pelo bebê, um registro de uma sensação de Falta (falta de terminar algo que deveria ter sido terminado).

Julgo que esta definição da 1ª Zona de Exclusão irá elucidar o Psicodrama Interno realizado com Ana.

Vivência Psicossomática de Ana

Ana veio me procurar por insistência de seu clínico geral. Sua queixa era de fortes dores na coluna. Já havia consultado um ortopedista, bem como fisioterapeutas, e estava sendo atendida com a técnica de Reeducação Postural Global – RPG. Antes mesmo que eu me colocasse, exclamou: "Ah! se fosse simplesmente dor na coluna...".

Ana mal andava, já não ia a quase lugar algum, pois sempre necessitava de cadeiras especiais, cansava-se facilmente. Sendo assim, mal participava da vida familiar e sua convivência com o marido e quatro filhos era bastante conflituosa em razão de suas constantes queixas de dor. Durante a consulta andava e sentava, sempre procurando um lugar onde não sentisse dor. Seus exames apontaram escoliose e pequenas deformações que não justificariam a intensa dor que sentia. No entanto, a dor era violenta e ocasionava sensações de vertigem e mal-estar generalizado. Também sofria de uma gastrite crônica que se acentuava quando surgia o medo de ficar imobilizada. Como conseqüência da rigidez corporal para evitar a dor, tinha fortes dores de cabeça.

A "pobre Ana" (era assim que ela se referia a si mesma) já tinha visitado uma infinidade de médicos e realizado inúmeros exames especiais, quando me procurou: "Estou desesperada, me sinto sem saída". Sua vivência corporal era caótica. Eu tinha na minha frente um corpo em profunda dor e essa sua dor era, sem dúvida, a porta por onde poderíamos entrar.

Quando senti que já possuíamos um bom vínculo, propus nosso primeiro trabalho de consciência corporal. Não foi nada fácil achar um lugar onde Ana se acomodasse. Escolheu deitar de lado no chão, em uma manta, e fomos acompanhando a sua dor. À medida que respirávamos, a dor foi caminhando pelo seu corpo, parando em vários lugares em que fomos localizando, com toques suaves e respiração, as áreas de maior e menor intensidade.

Passamos várias sessões localizando áreas onde surgia alívio e onde aumentava a dor. Certo dia, durante nosso trabalho de consciência corporal, Ana começou a chorar, e seu choro era como um lamento. Ao mesmo tempo começou a se movimentar, e foi alterando a posição do seu corpo que se mostrava imóvel em todas as sessões anteriores.

Deitou-se apoiando as costas no chão e foi então que o choro aumentou, associando-se a gemidos; ora acelerava, ora bloqueava a respiração, até que conseguiu apoiar totalmente a coluna no chão. Nesse exato momento, como se recebesse uma forte descarga elétrica na coluna, trepidou involuntariamente no chão. Assustada, porém parecendo aliviada, o choro se intensificou trazendo emoção. Perguntei se gostaria de me relatar o que estava acontecendo.

Ana relata: "O meu corpo está morto; que horror! Estou sendo enterrada numa cova!".

Seu corpo assume nesse momento uma rigidez quase cadavérica. Tem contrações nas mãos e nos pés, apresentando um quadro de tetania. Chora e se movimenta como querendo se livrar dessa sensação de paralisia em seu corpo. Era como se lutasse pelo direito à vida. Chora e grita até que pára de expressar a dor física e entra na dor psíquica, que passa a ser manifestada pela fala. Descreve em detalhes o derrame de sua mãe ao qual havia presenciado:

"Que loucura, sinto como se ela estivesse em meu corpo. Ela está morta: esta dor não é minha!", reconhecendo assim a fusão de seu corpo com o corpo da mãe.

O terceiro momento, o do resgate das emoções, é um dos mais importantes. É quando se inicia o reconhecimento das emoções como próprias e pessoais, separando-se o que pertence ao Eu e o que pertence ao Tu. É o início do reconhecimento do corpo como próprio. Ana percebe assim que tem um corpo próprio, separado do corpo da mãe.

A partir do momento em que as emoções vão sendo colocadas, pouco a pouco, nas sessões, a pessoa começará a conhecer não só a expressão das emoções, mas a reconhecê-las como próprias. Qualquer colocação por parte do terapeuta – nomeando essas emoções – será um impedimento para a livre expressão da pessoa, será desconfirmatória e atuará como uma complementação patológica, pois nomear as emoções da cliente é propor um retorno à parcialidade corporal, desconsiderando que somente ela poderá nomeá-las.

Monteiro (47) diz: "... ao representar a si mesmo você se vê em seu próprio espelho... e de súbito existir não é penoso e contundente... creio que o riso teve origem quando Deus se viu a si mesmo".

Seria o adoecer a única possibilidade encontrada pelo enfermo para ter um corpo próprio? Deixar-se morrer, petrificando e cristalizando uma parte do corpo e assim preservá-la, seria a forma paradoxal encontrada: morrer para viver?

Lacan (34) diz que "... é através da mãe que se instala na criança o campo simbólico. O lugar do código se situa no outro, e em primeiro lugar no outro real da primeira dependência". Ao reconhecer-se, a criança o faz como desejo do outro.

Levamos um bom tempo para ter a convicção/ilusão de que estamos encarnando em nosso corpo, e de que corpo e Eu são unos e inseparáveis, e é isso que nos dá um sentimento de identidade. Nosso corpo disperso vai se tornando unificado graças à maternagem, a toques e ao falar, na vivência dos papéis psicossomáticos, no desenvolvimento da Matriz de Identidade.

Assim o corpo vai se tornando o lugar da história sensível dessa relação mãe-filho. A mãe é a detentora de um saber sobre o filho, sabe traduzir sinais não-verbais vindos da criança, e, sendo assim, dependemos dessa relação que nomeia nossos estados afetivos para alcançar a capacidade de simbolizar.

Um olhar para Pedro

Pedro chegou atrasado para a sessão, alegando ter passado antes no cardiologista e ele ter se atrasado. Há quase dois anos, ele teve um mal-estar que culminou em sua internação para uma angioplastia. Desde então sua vida é vigiar seu coração, ou melhor, ser vigiado por ele. Nossas sessões sempre são cuidadosas e não raramente interrompidas a pedido do coração que se faz presente.

Nessa sessão do atraso o coração se fez presente e eu solicitei a Pedro que entrasse em contato com ele e o visualizasse. Pedro o viu cravado de espinhos e pedi que os retirasse, se possível um a um, revelando-me o que sucedia.

Alguns nada revelavam a não ser sensações de dor e vazio, como descrevia Pedro. Outros lhe fizeram lembrar cenas de sua vida: uma das cenas em que permaneceu mais tempo era de sua infância.

Pedro não havia conhecido o pai, que morreu quando ele tinha três anos. Foi filho único até os nove anos, quando a mãe engravidou. Pedro nunca soube de quem era o filho de sua mãe, mas ela lhe delegava muitas responsabilidades em relação ao cuidado desse irmão. A cena que se evidenciou era a de julgar-se responsável por defender a mãe e o irmão do preconceito familiar, em especial do tio materno, assumindo o falso lugar de "chefe da família", como ele mesmo nomeou.

Nessa cena de confronto, em que o tio era quem o enfrentava com o olhar, Pedro se sentiu ameaçado, com um medo que o paralisou. Pedi que olhasse a cena de fora. Chorando muito, pediu à mãe que o perdoasse por não conseguir enfrentar o olhar do tio, pois era muito pequeno, uma criança.

Nesse fragmento de sessão, é no espelho que Pedro descobre seu corpo e, reconhecendo-se por meio da imagem especular, pouco a pouco vai conquistando a imagem do seu próprio corpo. Da parcialidade de se ver como coração com espinhos a poder se ver como criança, não correspondendo ao desejo da mãe, é uma conquista. É a fase do reconhecimento do Eu e do Tu, da vivência do modelo de defecador, em que mais do que se ver olha-se se vendo, adquirindo um corpo pessoal, que é conquistado pela imagem corporal, na qual nosso corpo deixa de ser uma sensação para se tornar uma figuração do corpo em nossa mente.

Porém, Pedro ainda se vê como uma criança. Não é suficiente ter esse lugar. Pedro tem de conquistar o lugar de poder se olhar sendo visto, o lugar de se ver como o outro o vê, ver-se como o olhar do tio o vê. Essa será a conquista do Segundo Universo da Matriz de Identidade, a brecha entre fantasia e realidade, a vivência do Modelo de Urinador, o corpo simbólico, não mais um corpo como imagem, mas sim como Identidade. Um corpo encarnado.

6

Somatodrama:
magia e mito.
Há um tempo para viver
e outro para morrer

> *Tudo tem seu tempo. Há um momento*
> *oportuno para cada empreendimento debaixo do céu.*
> *Tempo de nascer e tempo de morrer;*
> *tempo de plantar e tempo de colher a planta.*

(Eclesiastes 3:1-2)

O projeto moreniano é bastante ousado, busca transcendência e totalidade. Não se encerra na conquista de uma Identidade Individual, mas sobrevive a ela e vai além. Nossa fome cósmica, como diz Moreno, nos impulsiona a constantes transformações, conscientes de nossa finitude.

A revelação do drama, de estarmos contidos em um corpo, de sermos inacabados e limitados, muitas vezes pode nos lançar em um profundo abismo; e aí podemos nos encontrar com o ser primitivo que habita em nós e recordarmos estados de consciência esquecidos.

A mais antiga metodologia criada pelo ser humano, na tentativa de colocar na ordem o que estava fora dela, foi a magia. O pensar mágico surge a partir de experiências internas sensíveis e devastadoras. No ato mágico eu posso encarnar o que eu não controlo. Eu sou a totalidade, o todo é atemporal e absoluto. O sagrado se faz encarnado e somente por meio do sacrifício e da iluminação do protagonista a ordem será restaurada.

O caso Cláudia

E foi nesse estado mágico de consciência que Cláudia veio me procurar, em pânico. Sua pergunta era: "Quanto tempo me resta?".

Ficar preso a um conceito de tempo contraído, reduzido, à espera da morte, que assim se presentifica, é como se sente o paciente com câncer. Era assim que Cláudia se sentia.

Cláudia, 32 anos, solteira, de origem japonesa, dedicada 24 horas por dia ao trabalho, há duas semanas recebera o diagnóstico de câncer de útero.

Nunca havia namorado nem tido nenhuma experiência sexual, quase não tinha lazer ou descanso, sua vida era o trabalho. Morava com a irmã mais velha que, pela descrição de Cláudia, era muito religiosa.

Cláudia estava sendo tratada através de rituais religiosos por insistência da família e da irmã. Por não acreditar que seu câncer fosse um problema de origem religiosa, mas sim da forma como vivia, veio procurar um trabalho psicoterápico.

Cláudia ia ser operada logo. Sendo assim, nosso trabalho poderia ser interrompido, a não ser que déssemos continuidade durante sua internação. Porém sua cirurgia foi adiada por um mês, enquanto era submetida a quimioterapia, como tentativa de evitar a operação.

Seu estado era de confusão e forte tensão. No trabalho de consciência corporal, Cláudia somente percebia partes do corpo, e quando as descrevia era como em uma aula de anatomia.

Em uma dada sessão, Cláudia disse ter uma sensação dolorida que logo se transformou em uma parte escura que ela sentiu o desejo de limpar, purificar. Essa parte se localizava na área do coração. Em seguida começou a dizer que dela jorrava uma água suja que ia ficando grossa, sujando todo o seu corpo, o que lhe dava aflição; que queria limpar com caco de telha, pois sentia que essa sujeira ia se impregnando no seu corpo. Na medida em que ia limpando, sua sensação era de alívio e prazer. Disse estar em uma cachoeira, sentindo-se limpa e purificada. Em todas as sessões Cláudia criava rituais de limpeza e assim se sentia mais descansada e relaxada.

A sua cirurgia ocorreu com sucesso e, após uns vinte dias, recomeçamos nossos trabalhos. Iniciou então nova quimioterapia, dessa vez com fortes enjôos que levavam de dois a três dias para melhorar.

Nossos trabalhos evoluíram e Cláudia entrou em outra fase, na qual começou a resgatar cenas de sua vida: sempre cenas de repressão que culminavam em raiva e revolta, não se conformando com sua educação muito rígida e regrada, só voltada para o trabalho.

A partir desses questionamentos, Cláudia começou a realizar mudanças em sua vida prática e emocional. A pessoa calada que aceitava passivamente o que lhe era proposto começou a falar, permitindo-se rejeitar, tanto no trabalho como na família, de forma passiva, o que não lhe agradava.

Surgiram conflitos familiares – o comportamento de Cláudia mudara de forma surpreendente –, as brigas com os irmãos se tornaram constantes, culminando com sua saída de casa para morar com a irmã mais jovem, que Cláudia julgava ser mais afetiva.

Cláudia respondeu bem à quimioterapia e o resultado do exame de contagem tumoral havia sido muito bom. Chegou à sessão alegre com as boas notícias, porém, à medida que me relatava suas esperanças e planos de uma vida nova, foi tomada por uma profunda tristeza. Disse que estava se sentindo perdida, pois até aquele momento a luta contra o câncer era a sua razão de vida.

A cada sessão, Cláudia me parecia mais perdida e desanimada, como que vivenciando um profundo luto. O estado de tristeza foi tocado em uma das nossas sessões, em que Cláudia chegou a comparar o câncer com sua irmã religiosa, e comentou o quanto eram conflitivas suas emoções em relação a essa irmã.

Novos exames foram realizados nessa época e foi constatado outro tumor, e Cláudia foi encaminhada a uma segunda cirurgia. Nesse meio tempo tivemos uma única sessão, em que me relatou não ter razão para viver, pois se sentia em uma situação sem saída.

Seu irmão mais velho trabalhava muito para guardar dinheiro e custear seu tratamento. Sua irmã modificara toda a rotina de vida para cuidar de Cláudia; e seus pais cogitaram em vender o sítio em que sempre viveram para pagar o tratamento que fosse necessário.

Rodeada por todas essas oferendas, Cláudia foi submetida à segunda cirurgia e em menos de uma semana o ritual do sacrifício foi consumado com sua morte. E assim "a˜ ordem foi restaurada", com a agonia e com a morte da protagonista. O estado de consciência mágica pode ser individual, ou compartilhado.

A prática mágica transcende do individual ao vínculo e institui a família, o clã ou a tribo como possibilidade de participação e de exclusão, tendo em vista uma decisão compartilhada... O pensamento mágico estabelece como objetivo o domínio do mundo natural, domesticando-o... [Menegazzo, (45)].

Essas perigosas conseqüências da má distribuição da carga afetiva de um grupo, que pode acabar sendo dirigida a um único integrante, são passíveis de ser transformadas quando se conquista o pensar mítico, convertendo o ritual em um ritual dramático, através do jogo da simulação, o que não ocorreu na história de Cláudia.

Cláudia, encarnando o câncer, transformou-se em uma vítima propiciatória, objeto de oferenda, cumprindo a função de ser a válvula de escape para a carga emocional mobilizada. A permanência de um corpo parcial a levou a se reconhecer como parte do todo – Eu sou o câncer.

Como são limitados nossos recursos psicoterápicos nesses casos, em que acabamos sendo levados pelo forte movimento inconsciente do grupo! Torna-se necessária uma ampliação do estado de consciência para que se dê passagem à representação mítica, que é uma proposta de transformar o desconhecido em conhecido. É o surgimento da necessidade de compreensão. Transformar o desconhecido em familiar tem como proposta integrá-lo a uma ordem totalizadora.

O pensar mítico, diz Menegazzo, é um pensar dramático, pois é sempre um pensar representado. No rito mítico já não se agoniza e morre: o protagonista é simbólico. A relação rito-oferenda do método mítico cria valores afetivos como a cooperação, segurança, poder e ordem.

O caso Sônia

Era uma mulher de aparência jovem, apesar do ar abatido e um corpo muito magro. Tinha um olhar de quem estava muito cansada e sonolenta. Sentou-se à minha frente e disse: "Estou morrendo, duvido que você possa fazer alguma coisa". Tinha câncer generalizado, porém o que mais a afetava eram o pulmão e a conseqüente dificuldade respiratória.

"Não acredito em psicoterapia, sou cientista e corpo é corpo; e o meu está podre", disse Sônia.

Não faltava às sessões e, mesmo dizendo não acreditar, se entregava totalmente aos trabalhos propostos. Sua respiração melhorou; no lugar da falta de esperança e desânimo, mostrava-se mais animada. Voltou a escrever sua tese de doutoramento e retomou parte das pesquisas que vinha realizando. Sem dúvida, a melhora emocional ajudava a ação dos medicamentos.

Sônia era curiosa e inteligente, e, na medida em que se sentia melhor, fomos resgatando várias experiências por ela vivenciadas. Quase cinco anos se completaram após sua primeira sessão, tempo em que seu câncer permaneceu controlado. Quando um exame de contagem tumoral apresentou um valor muito alto, foram feitas novas pesquisas e lá estava: um tumor no cérebro.

Sônia foi perdendo os movimentos, das pernas e mãos, a fala ficou arrastada, mas permanecia consciente e lúcida. Acreditando aproximar-se a morte, pediu que seus filhos participassem das sessões para que se preparassem. Sônia era separada, porém sua relação com o ex-marido era muito boa, contando com sua colaboração todo o tempo, tanto afetiva como financeiramente.

Sua filha se dispôs a aprender práticas de relaxamento para ajudar a mãe nos momentos de dor, pois mesmo a morfina vinha perdendo efeito. No trabalho com a dor, colocávamos uma música – a pedido de Sônia, um mantra indiano. Ela fechava os olhos e ia relatando imagens. Dizia sentir-se como que vivenciando um sonho e a dor ia melhorando. As imagens eram do pai que já havia morrido, de amigos queridos, lugares agradáveis e, principalmente, a lembrança de quando estava grávida, que dizia ter sido de profundo prazer. O medo da morte era constante e juntas enfrentávamos suas fantasias sobre o pós-morte. Nesse período, Sônia organizou toda a sua vida prática, pois queria deixar tudo em ordem antes de ir.

Eu às vezes ficava surpreendida com sua tranqüilidade, que aumentava a cada dia. Uma tarde fui chamada pela filha. Sônia havia sido internada. Quando a vi na UTI, ela me reconheceu, pediu que eu tocasse a música e com um sorriso me disse: "Você veio para a grande festa. Vou antes de você. Está com inveja?".

Não havendo nada que pudesse ser feito, Sônia foi para o quarto, passando a maior parte do tempo inconsciente. Quando se agitava, respirava como fazíamos nos nossos trabalhos, hora em que a filha, atendendo a seu pedido, colocava a sua música e ela de imediato se acalmava. E passou assim quase um mês, como que sedada. Era jovem e tinha um coração forte.

Ainda guardo com amor – e sou grata a você, Sônia, pelo muito que me ensinou – o vidro de perfume que me deu, em tom jocoso: "Fantasme", com os dizeres: *para que não se esqueça de mim.*

O estado de consciência mítico em que Sônia se encontrava permitiu a ela ser um corpo próprio, que passava pela experiência de estar com câncer, estado que a levou a profundas transformações, atingindo um processo de se reconhecer como corpo simbólico, e nessa síntese procurar resolver o real pelo imaginário. Rompeu com a conserva cultural que determina como deve ser vivenciada a morte e a transformou em sua verdadeira história pessoal, vivendo na morte uma catarse integradora.

Com Sônia, pela primeira vez vivenciei uma nova compreensão da morte, do tempo, do espaço, do momento. Não havia sido bastante para mim compreender a Filosofia do Momento moreniana, na qual ele concebe um universo aberto, pois somente aí a categoria de momento tem significado, uma vez que aí é que se dá a mudança, a novidade, a criatividade, na transcendência.

A teoria do momento está profundamente ligada à teoria da espontaneidade, pois rompe com o tempo linear: passado, presente e futuro. O próprio Einstein, em uma carta escrita à sua irmã e sobrinho por ocasião da morte de seu amigo Michele Besso, diz:

> A base da nossa amizade foi assentada nos anos em que estudamos em Zurique, onde nos encontramos regularmente... nossas conversas durante a caminhada que fazíamos juntos ao voltar para casa tinham um encanto inesquecível... E agora ele precedeu-me brevemente na despedida deste estranho mundo. Isso nada significa. Para nós, confiantes físicos, a distinção entre passado, presente e futuro é uma mera ilusão, ainda que teimosa. (B. Hoffman, 1969)

As modernas concepções de tempo, espaço e momento vêm propiciar uma nova visão do caráter final e definitivo da morte para nós, humanos. A morte sempre recebeu de nossa parte significados prematuros e incipientes. O que dizemos é que é o fim de alguma coisa. Filósofos e cientistas há muitos séculos vêm tentando explicar nascimento, vida e morte.

O fato de transcender o conceito de tempo não-linear, como propõe Moreno na Teoria do Momento, vai de encontro à citação de David Bohm, falando da nova física, de que tudo está vivo: o que chamamos de morte é uma abstração.

Podermos nos ver como co-criadores, ligados ao todo por fazermos parte dele. É o novo conceito de unicidade cósmica que rompe com o isolamento, a fragmentação e a solidão, afasta o medo e a ansiedade e favorece o equilíbrio entre a nossa mente e o nosso corpo.

Essa consciência de não-fragmentação nos liga à totalidade, não percebendo nem considerando tempo e espaço divididos. Talvez nos ajude a não mais traçar uma linha divisória entre vida e morte e assim, talvez, como Sônia, realizar essa passagem sem sofrimento, ou até mesmo podermos optar por colaborar com nosso corpo, restabelecendo a unidade.

Se estivermos atentos, não só o nosso corpo, mas nosso inconsciente vai nos revelar o drama.

O caso Lia

Lia chegou ao grupo ofegante, cansada, tinha os pés muito inchados, todos sugeriram que fosse fazer uma consulta ao médico. Lia havia sonhado que estava em um rio de águas sujas, onde havia vários cadáveres boiando e ela era obrigada a tentar se mover entre eles, caminhando pelo rio, e, o que era muito estranho, a cena não lhe causava qualquer sentimento negativo.

Na semana seguinte, Lia não veio ao grupo. Havia sido internada com urgência, com uma endocardite, e ficou na UTI durante vários dias. Do que se lembra é que queria viver e para isso deveria não se sentir só e sem esperança. Na função de ego-auxiliar, usando a técnica do duplo, enquanto Lia se encontrava na UTI, em sono profundo, ali estivemos várias vezes, eu e outros participantes do grupo e da família de Lia, confirmando seu desejo e compromisso com a vida.

Lia permaneceu um longo tempo hospitalizada e, após uma cirurgia cardíaca, ainda teve de enfrentar três aneurismas cerebrais. E como disse Lia: "Na minha cabeça ninguém mexe, você sabe bem o que tem lá, não é?". E, assim decidida, Lia voltou ao grupo e vem se trabalhando muito, crescendo e evoluindo. O resultado é que dois dos três aneurismas já não foram encontrados no seu último exame, e Lia reconhece a importância de haver experienciado a morte optando pela vida.

Fazer parte de um grupo de psicodrama como um de seus integrantes propiciou a Lia estar inserta em uma nova matriz, e assim ela sonha e atravessa o rio de cadáveres sem medo. O que permite a Lia optar por uma nova vida é estar inserta nessa matriz social e, como diria Moreno, estar mobilizada pela fome de transformação do ser humano.

Menegazzo diz que a angústia da morte, que nos acompanha a partir do nosso ingresso na Matriz Social, será um dos mais poderosos impulsos de transformação. Essa nova atitude, essa nova experiência existencial é o ato do renascimento, compartilhado, pois não só Lia se transformou a partir dessa experiência, mas todo o seu grupo terapêutico vivenciou, cada um na sua história, a própria transformação.

A liberdade, a espontaneidade e a criatividade vivenciadas por Lia no seu renascer a conduziram a um novo projeto de vida, levando junto todo o seu grupo familiar e terapêutico. Lia reconhece assim seu corpo simbólico como aquele que passa a ter sua própria identidade e como parte de um grupo; dessa forma se reconhece e ocupa seu lugar, condição essencial para poder transcendê-lo espontânea e criativamente.

A cena e o drama nem sempre se restringem à sessão de psicodrama, mas vão além, como no caso de Lia. É vivenciada na vida, com personagens reais, como o grupo de terapia e a comunidade, sendo este, na verdade, o grande projeto sociodramático moreniano. É no pertencer e contar com um grupo que homens e mulheres terão a possibilidade de sobreviver como seres criadores.

Moreno pergunta: quem sobreviverá? E responde: aquele que for criador, pois sem ele os mais bem ajustados seres nada teriam para manter, e os mais fortes, nada a explorar.

O somatodrama é muito mais que uma criação individual. Somos, desde 1997, um Grupo de Estudo e Pesquisa em Psicossomática e Psicodrama, e acreditamos que o impedimento de criar e expressar a criação nas relações é que nos leva a adoecer. A doença física é, sem dúvida, o explícito que se coloca em cena, revelando por meio do corpo, como protagonista, a nossa solidão e isolamento, como parte do grande Sistema Criativo do Universo.

Quem sobreviverá?, indagou Moreno.

Queremos sobreviver e, sendo assim, temos um único propósito: criar a cena em que sintomas e doenças orgânicas sejam uma nova possibilidade de evolução e transcendência. Somos hoje um grupo: Elza Rita, Marta e eu, na busca da totalidade, e acreditamos que na vida ou na morte cabe a nós a co-autoria e a co-responsabilidade com o criador, como criatura.

Epílogo
Sou criador e criatura, compartilhando e comentando

Toda existência verdadeira é um encontro;
este não se dá no tempo e no espaço,
mas sim em sua confluência.

Martin Buber

Tempo de compartilhar: protagonista e grupo compartilham suas experiências e vivências que ocorreram de forma consoante com o cenário dramático; é a ressonância grupal, é o compartilhar do afeto, cimento e estrutura grupal.

Tempo de comentário e análise: tanto grupo como terapeuta e protagonista ampliam, entendem e se integram de nova forma, inserindo-se numa nova ordem integradora da co-criação. É nesse momento que me encontro no "aqui e agora".

Compartilhando o ato da criação, este livro tem também sua versão poética, que recebeu o nome de "Prisma", criação artística apresentada em música e verso no Congresso Iberoamericano, em que compartilho a experiência que vivi no ato criativo do reconhecimento do meu Ser.

Aprendendo a compartilhar o amor, vou aqui transcrever o poema que finaliza essa criação:

O fundo musical é de Milton Nascimento: "Nos bailes da vida".

Posso tocar o passado
Mesmo o mais longínquo.
Ele é meu.
Nada me impede.

Mas não me detenho
muito tempo
pois meu ritmo é rápido
minha condição de "momento"
não me permite esperar.

Olho para o futuro, ele é forte.
Mas tenho que caminhar para atingi-lo.

Eu sou a passagem, sou a entrada.
Me tomo com minhas mãos.
Sou o agora.
Não tento romper o ciclo natural do criar e do viver.
Passo a passo caminho, sem medo.
Hoje, aqui e agora, não há solidão.

Sinto, vibro, sonho, choro.
Lembro, sofro, me angustio.
Me faço e me refaço.
Me crio e me recrio
autorizando a mutação.
Eu sou o momento,
a abertura à criação.
Algo que o sonho não pode dar.
Sou o momento, o Presente
Sou única
Não me negue
Não lute
Não pare no passado
nem mergulhe no futuro.
Componha aqui e agora
seu próprio prisma.

E neste baile da vida agradeço e compartilho com meu marido, Wilson, grande amor e companheiro da viagem, seus exigentes questionamentos sobre os conceitos e idéias que aqui expus, ensinando-me a me olhar como o outro me vê, e assim ousar mostrar minha criação.

A você, minha irmã Bia, tão verdadeira e amorosa que sempre cuidou e revisou, não só o meu texto, mas os caminhos de minha própria vida.

Aos meus filhos, os "quatro", e netos, pelo amor paciente dedicado a mim, enquanto aprendo a ser mãe e avó a cada dia.

À minha mãe que, por seu amor exigente, instigou-me a buscar o caminho da alegria e da criação.

A você, meu pai, que tão cedo se foi, mas, por ter ido, aqui ficou e se eternizou.

Àqueles que, na função de mestres supervisores, terapeutas, colegas e clientes, ao longo dos anos, participaram deste livro como co-criadores.

Em especial a Teda e Tereza, amigas e irmãs de muitos e especiais "encontros".

A Edith, minha editora, que, depois de participar de meu curso em um dos congressos de psicodrama, ofereceu-me um livro com dedicatória que acalentou em mim o desejo de escrever meu próprio livro.

A Elza, Marta, Rita e Mariza, que com amor e dedicação compartilharam o espaço da criação do somatodrama.

A você, Moreno, por sua fé na criação e na criatura.

A "Sai-Baba", Homem Santo de grande luz, por seu amor e inspiração compartilhada.

Ao professor e amigo Wilson Castello de Almeida, pelos seus ensinamentos e sábios conselhos.

"Acaso ouvi alguém dizer:
Deus está morto?
Mas como eu poderia
Estar morto se eu ainda
Não nasci.

Acaso ouvi alguém dizer:
Deus nasceu.
Mas como Eu poderia nascer
Se Eu sou um imortal?
Morrendo na cruz
o filho gritou:
O Pai e Eu somos um!
Eu, o Pai, proclamo:
Eu e o filho somos um
Eu e todos os seres somos um."

(J. L. Moreno. *As palavras do pai*, 1992)

Glossário*

AQUECIMENTO – É a primeira etapa de toda sessão de psicodrama, assim como de qualquer outro procedimento dramático (sociodrama, jogo de papel etc.). São sinônimos: pré-aquecimento, colocação em ação e/ou *warming up*. No psicodrama é a preparação para a sessão que torna possível o aparecimento do protagonista. Suas subetapas são o **aquecimento inespecífico** e o **aquecimento específico.** Todo processo de aquecimento tem **uma expressão somática, uma expressão psíquica e uma expressão social.**

AQUI E AGORA DRAMÁTICO – É o lugar e o momento da dramatização. Pelas características e pelas leis da representação dramática, tudo o que acontece no cenário psicodramático desenvolve-se em um aqui e agora muito especial: o tempo e o espaço próprios da dramatização.

Qualquer que seja o tempo explorado por um protagonista, no contexto dramático, quer se trate de uma cena que ele

---

* Textos extraídos do livro de Carlos M. Menegazzo e colaboradores. *Dicionário de psicodrama e sociodrama.* São Paulo, Ágora, 1995.

situa em seu passado biográfico imediato ou remoto, quer ele considere uma cena prospectiva em quaisquer de seus futuros possíveis, estará vivenciando esse tempo "como se", no aqui e agora imaginário de sua representação dramática.

BRECHA ENTRE FANTASIA E REALIDADE – No processo evolutivo da teoria dos papéis é o período compreendido entre a fase mágica da matriz de identidade e a fase mítica da matriz familiar. Essa etapa tem como função discernir, com nitidez, as margens que separam as fantasias – e seus desejos – da realidade concreta circundante. É aqui que começa a complexidade do átomo perceptivo da criança. Rompe-se da forma mais contundente a relação diádica com a mãe, já que a figura do pai começa a ter peso e poder distintos, estabelecendo-se uma triangularidade triádica, com novas formas de antagonismos e deuteragonismos.

CATARSE DE INTEGRAÇÃO – No sentido estrito é falar de atos de compreensão, ou seja, atos fundantes de transformação, que Moreno comparou com novos nascimentos. Esses fenômenos possibilitam a liberação de papéis fixados em impressões inadequadas, facilitando assumir novas condutas.

Como um relâmpago, o "momento moreniano" permite que pensamento, sentimento e ação se transformem em uma mesma e única atividade, fundidos à semelhança do espaço-tempo-energia da física (*status nascendi*). Abrem-se para o espírito as possibilidades de um novo universo e um novo crescimento.

DUPLO – Técnica psicodramática utilizada quando o protagonista não pode expressar sentimentos ou pensamentos – por timidez, inibição, culpa ou repressão.

EGO-AUXILIAR – É considerado por Moreno um dos cinco instrumentos do psicodrama, extraído por ele da experiência do ato de nascimento.

Na situação experimental do psicodrama, considera-se indispensável a função do ego-auxiliar como elemento necessário à compreensão do processo interpessoal que se desenvolve no cenário, assim como um veículo para o tratamento. A função do ego-auxiliar é a de um "ator" que representa pessoas ausentes, como elas aparecem na vida privada do paciente, segundo as percepções que tem dos papéis íntimos ou das figuras que dominam seu mundo.

ENCONTRO – Moreno expôs o encontro como uma das possibilidades humanas na relação consigo mesmo, com o outro no mundo e com a transcendência. Para Moreno, a palavra encontro e o conceito de tele são sinônimos. Não apenas as relações de atração ou amistosas, mas também as hostis e de choque são fundamentais para chegar a um encontro autêntico. Em sua opinião, o encontro nunca pode estar preparado nem ser construído antecipadamente, nem ser planejado, examinado ou perscrutado: só pode acontecer sob a égide do momento.

ESPELHO – É um conceito moreniano que surge ao considerar a criação do eu a partir dos papéis que se estruturam na matriz de identidade. Moreno criou a técnica do espelho para seu trabalho terapêutico psicodramático. É uma valiosa técnica que pode ser utilizada de diversos modos.

ESPONTANEIDADE – É um dos conceitos singulares da teoria dos papéis e da antropologia vincular. O ser humano vem ao mundo com um cabedal de liberdade e espontaneidade que é a fonte de suas possibilidades criadoras. Quando fala de espontaneidade, Moreno recorre às palavras *sua sponte* para enfatizar essa característica de fonte, pois entende que sem essa fonte, apesar de todas as dificuldades, não poderia haver projeto nem tensão de integração vincular.

Essa disponibilidade espontânea do ser humano qualifica sua capacidade lúdica inata, que cada qual aciona levado por seu impulso vital básico em suas formas de fome de atos e fome de transformação.

FOCO – É o lugar de máxima atenção na ação de choque ou de encontro. É o ponto de convergência dos componentes de uma zona e seu núcleo de união.

HASSIDISMO – Movimento místico judeu surgido na Polônia e fundado por Israel Baal Shem Tou (O Senhor do Bom Nome). O hassidismo resgata a imanência divina. Deus está presente em todas as coisas, é necessário apenas descobri-lo. Moreno assume essa idéia hassídica e propõe como caminho o da comunicação com o outro, o encontro. A necessidade dessa busca constante de comunicação consigo mesmo, com o outro e com Deus é, para Moreno, o que pode conduzir o ser humano aos caminhos do crescimento, da salvação e da transcendência.

INVERSÃO DE PAPEL – Técnica psicodramática com dois objetivos: o diagnóstico e a reestruturação perceptiva. É essencial em todo procedimento dramático. Nela o protagonista é levado a representar um papel complementar, enquanto um ego-auxiliar assume o papel do primeiro, trocando de lugar com ele.

PAPEL PSICODRAMÁTICO – Assim se denominam os papéis (contrapapéis e papéis complementares) que surgem no cenário psicodramático e se enriquecem, explícita e implicitamente, mediante a fantasmática que nesse contexto se desenvolve. Explorar psicodramaticamente qualquer papel é, em princípio, permitir que nele aflorem todos os outros papéis que o integram e sustentam.

PAPEL PSICOSSOMÁTICO – Também chamado **papel primigênio**. Na interpretação evolutiva da teoria dos papéis são assim denominadas as condutas relacionadas às funções fisiológicas (papel de contactador, papel de respirador, papel de ingeridor, papel de fonador). Quando interpretados dessa perspectiva evolutiva, esses papéis surgem da vincularidade da **matriz de identidade** e relacionam o indivíduo com o meio.

PAPEL SOCIAL – São os papéis que todos representamos cotidianamente no contexto social. Cada um deles deixa entrever, por trás de sua manifestação, a trama complexa dos papéis básicos em que se sustenta (papéis familiares, originários, fundantes e psicodramáticos).

PROTAGONISTA – É um dos cinco instrumentos dos procedimentos dramáticos. É o ator central da dramatização. O termo protagonista foi tomado do teatro grego e significa, etimologicamente, aquele que se oferece à ação em primeiro lugar, aquele que se oferece para sofrer e morrer a serviço dos outros.

PSICODRAMA INTERNO – É um trabalho de dramatização em que a ação é interna, simbólica. O paciente pensa, visualiza e vivencia a ação, mas não a executa.

REMATRIZ – Um dos mecanismos de ação das psicoterapias é a internalização de um novo modelo relacional, que acaba por compor uma neomatriz ou rematriz, no sentido de revivescências corretivas da primeira matriz, a original. Essa designação foi criada por Dalmiro Bustos.

STATUS NASCENDI – Dado o *locus nascendi* e a matriz aparece o terceiro elemento, inseparável dos anteriores, na filosofia do momento de Moreno: o *status nascendi*. É assim chamado o processo de concepção para o desenvolvimento de um determinado processo. É a capacidade germinante da semente, em sua tensão de se tornar árvore.

Moreno criou esse termo para enfatizar a importância, tanto da obra acabada quanto de seu próprio processo de gestação e realização. No terreno do biológico, isso se equipara à importância do nascimento, bem como à da concepção e da gestação.

Do ponto de vista psicodramático, o *locus nascendi* seria a coordenada tempo-espaço na qual se situa o movimento do *status nascendi*.

TELE – Faculdade humana de comunicar afetos a distância. Moreno, em sua preocupação de facilitar o estudo dos fenômenos télicos, propõe estudá-los explorando suas proporções em unidades, e por isso chamou de tele a unidade mais simples de afeto transmitida de um indivíduo a outro.

O fenômeno tele manifesta-se na vincularidade grupal como energia de *atração*, *rejeição* e *indiferença*, e evidencia uma permanente atividade de comunicação co-inconsciente e co-consciente. Ele possibilita aos seres humanos – vinculados em constelações afetivas mediante a operação constante das funções pensar-perceber e intuir-sentir de cada um – o "conhecimento" da situação real de cada indivíduo e dos outros na matriz relacional de um grupo.

Cada uma dessas unidades télicas, cujo estudo sistemático é proposto, integra-se em um processo afetivo de permanente interação comunicativa, que poderia ser comparado ao conceito de **encontro existencial**.

TRANSFERÊNCIA – A teoria psicodramática considera a transferência uma patologia da tele. Terapeuticamente falando, a corrente psicanalítica freudiana considera transferência "o processo em virtude do qual os desejos inconscientes atualizam-se em objetos, no interior de um determinado tipo de relação com eles estabelecida e, de modo especial, na relação analítica".

Os trabalhos de Breuer levaram Freud a pensar na influência da relação médico-paciente no processo da cura, e aquilo que, a princípio, era um obstáculo, uma resistência, logo passou a ser o instrumento da cura. A transferência é a manifestação de um desejo inconsciente; a interpretação, aqui, é a instância transformadora.

Moreno diferencia transferência e tele. Diz que: "a relação tele é o processo interpessoal geral e a transferência é uma excrescência psicopatológica especial". Para Moreno, atuam no processo de cura o fator tele e o fator espontaneidade. A transferência seria um obstáculo.

Bibliografia

1. ABOOKER, P.; CHERTOK, L.; SAPIR, M. *Les applicacions de la médicine psycosomatique.* Paris, Expansion Scientifique Française, 1960.
2. ALMEIDA, WILSON CASTELLO DE. *Formas do encontro – Psicoterapia aberta.* São Paulo, Ágora, 1982.
3. ALMEIDA, WILSON CASTELLO DE. Psicoterapia e método. V Congresso Brasileiro de Psicodrama, 1986, Caldas Novas, GO.
4. ANIBAL, MEZHER. Um questionamento acerca da validade do conceito de papel psicossomático. *Revista da Febrap,* Porto Alegre, 1980.
5. BERMUDEZ, J. G. R. *Núcleo do Eu. Leitura psicológica dos processos evolutivos fisiológicos.* São Paulo, Natura, 1978, pp. 7-30.
6. BERMUDEZ, J. G. R. *¿Qué es el sicodrama?* Buenos Aires, Celcius, 1984.
7. BÍBLIA SAGRADA. Centro Bíblico Católico. 37ª edição Claretiana. São Paulo, Ave Maria, 1981.
8. BOHM, D. *A totalidade e a ordem implicada numa nova percepção da realidade.* São Paulo, Cultrix, 1992.
9. BUBER, MARTIN. *¿Qué es el hombre?* México, Fondo de Cultura Económica, 1964.
10. BUSTOS, D. M. *Psicoterapia psicodramática, acción + palabra.* Buenos Aires, Paidós, 1975, pp. 45, 59, 60, 97, 102 e 117.
11. CADERNOS DE PSICOLOGIA BIODINÂMICA, 3. São Paulo, Summus, 1982.
12. CAPISANO, H. F. Ensaio de conceito em medicina psicossomática. *Boletim de Psiquiatria,* v. IV, nº 3, São Paulo, 1976, pp. 55-67.
13. CHIOZZA, LUIS. *¿Por qué enfermamos? La historia que se oculta en el cuerpo.* Buenos Aires, Alianza Editorial, 1986.

14. DIAS, V. R. C. S. *Análise psicodramática. Teoria da programação cenestésica.* São Paulo, Ágora, 1994.
15. DIAS, V. R. C. S. *Psicodrama interno.* Trabalho apresentado no II Congresso Brasileiro de Psicodrama, Canela, 1980.
16. DIAS, V. R. C. S. *Psicodrama: teoria e prática.* São Paulo, Ágora, 1987.
17. DIAS, V. R. C. S. *Sonhos e psicodrama interno na análise psicodramática.* São Paulo, Ágora, 1996.
18. DIAS, V. R. C. S. & TIBA, I. *Núcleo do Eu.* São Paulo, Ind. Gráfica e Editora S/A, 1977.
19. DORSEY, LARRY. *Espaço, tempo e medicina.* São Paulo, Cultrix, 1998.
20. EPINAY, MICHELE SALIVED. *Groddeck: a doença como linguagem.* Campinas, Papirus, 1988.
21. EY, H.; BERNARD, P.; & BRISSET, C. *Tratado de psiquiatria.* Barcelona, Toray Masson, 1969.
22. FONSECA FILHO, J. S. *Psicodrama da loucura. Correlações entre Buber e Moreno.* São Paulo, Ágora, 1980.
23. FONSECA FILHO, J. S. *Psicodrama interno.* Trabalho apresentado no II Congresso de Psicodrama, Canela, 1980.
24. FREIRE BÁRTOLO, M. CRISTINA A. Curso de psicossomática com abordagem psicodramática – Somatodrama. Material apostilado do curso de somatodrama, São Paulo, 1989.
25. FREIRE BÁRTOLO, M. CRISTINA A. Psicossomática e psicodrama: artigo de revisão. *Revista Brasileira de Psicodrama.* v. 2, fascículo II, 1994, p. 61.
26. FREIRE BÁRTOLO, M. CRISTINA A. Uma contribuição psicodramática às vivências psicossomáticas. *Revista da Febrap,* ano 6, nº 2, São Paulo, 1994, p. 24.
27. FREIRE, M. CRISTINA A. Somatodrama – Pensar, sentir, perceber uma integração possível no processo da criação. Dinâmica energética do psiquismo. São Paulo, 1999. (monografia)
28. GUIR, JEAN. *A psicossomática na clínica lacaniana.* Rio de Janeiro, Zahar, 1988.
29. JASPER, K. *Psicopatologia geral.* São Paulo, Ateneu, 1973, p. 566.
30. KAUFMAN, A. Medicina psicossomática. Trabalho apostilado de vários autores.
31. KAUFMAN, A. Aspectos psicossomáticos em reumatologia. Contribuição ao estado da artrite reumatóide e do reumatismo psicogênico. Dissertação de mestrado. São Paulo, Faculdade de Medicina da USP, 1981.
32. KIVINIEMI, P. Emotions and personality in Rheumatoid Arthritis. *Scand J. Rheum,* 6 (suppl. 18), 1997.
33. KREINHEDER, ALBERT. *Conversando com a doença. Um diálogo de corpo e alma.* São Paulo, Summus, 1993.

34. LACAN, JACQUES. *Escritos*. Rio de Janeiro, Zahar, 1998.
35. LAING, R. D. *O eu e os outros*. Petrópolis, Vozes, 1976, pp. 65-75.
36. LEVI-STRAUSS, CLAUDE. *Antropologia estrutural*. Rio de Janeiro, Tempo Brasileiro, 1996.
37. LEWIS, HOWARD R. *Fenômenos psicossomáticos: até que ponto as emoções podem afetar a saúde*. Rio de Janeiro, J. Olympio, 1984.
38. LOWEN, ALEXANDER. *Medo da vida*. São Paulo, Summus, 1986.
39. MACDOUGALL, JOYCE. *Teatros do corpo*. São Paulo, Martins Fontes, 1996.
40. MARTIN, EUGENIO GARRIDO. *Psicologia do encontro: J. L. Moreno*. São Paulo, Ágora, 1996.
41. MASSARO, GERALDO. *Loucura. Uma proposta de ação*. São Paulo, Ágora, 1994.
42. MELLO FILHO, J. *Concepção psicossomática: visão atual*. Rio de Janeiro, Tempo Brasileiro, 1978.
43. MELLO FILHO, J. *Psicossomática hoje*. Porto Alegre, Artes Médicas, 1992.
44. MENEGAZZO, CARLOS MARIA; ZURETTI, MARIA MÔNICA; TOMASINI, MIGUEL ANGEL. *Dicionário de psicodrama e sociodrama*. São Paulo, Ágora, 1994.
45. MENEGAZZO, CARLOS MARIA. *Magia, mito e psicodrama*. São Paulo, Ágora, 1994.
46. MENEGAZZO, CARLOS MARIA. *Umbrales de plenitud*. Buenos Aires, Fundación Vínculo, 1991.
47. MONTEIRO, REGINA. *Técnicas fundamentais do psicodrama*. São Paulo, Ágora, 1998.
48. MORENO, J. L. *As palavras do pai*. Campinas, Editorial PSY, 1992.
49. MORENO, J. L. *Psicodrama*. São Paulo, Cultrix, 1975.
50. MORENO, J. L. *Psicoterapia de grupo e psicodrama. Introdução à teoria e à práxis*. São Paulo, Mestre Jou, 1959, p. 115.
51. MORENO, J. L. *Quem sobreviverá*. Vols. 1, 2 e 3. Goiânia, Dimensão, 1992.
52. NAFFAH NETO, A. *Psicodramatizar. Ensaios*. São Paulo, Ágora, 1980, pp. 7-8.
53. NAFFAH NETO, A. *Psicodrama: descolonizando o imaginário*. São Paulo, Brasiliense, 1979, pp. 197-232.
54. PERAZZO, S. *Descansem em paz os nossos mortos dentro de mim*. São Paulo, Ágora, 1995.
55. PERAZZO, S. Memória Corporal, sistema e conflito em psicoterapia psicodramática. Trabalho apresentado no XIII Congresso de Neuropsiquiatria e Higiene Mental, Curitiba, 1977.
56. RAMOS, DENISE GIMENEZ. *A psique do corpo. Uma compreensão simbólica da doença*. São Paulo, Summus, 1994.

57. REICH, WILHELM. *A função do orgasmo*. São Paulo, Brasiliense, 1990.
58. RIBEIRO, B. I. Contribuição ao estudo dos distúrbios psicossomáticos. *Revista Brasileira de Psicanálise*, vol. VIII, nº 2, 1974.
59. SANTOS, EDUARDO FERREIRA. *Psicoterapia breve – Abordagem sistematizada de situações de crise*. São Paulo, Ágora, 1997.
60. SAPIR, M. *Aspect sociologique de la médicine psycosomatique*. Paris, Expansion Scientifique Française, 1960.
61. SCHANAKE, ADRIANA. *Los diálogos del cuerpo*. Santiago, Editorial Cuatro Vientos, 1995.
62. SPITZ, R. A. *El primer año de vida del niño*. Madri, Aguiar, 1974, pp. 94-5.
63. STANISLAV, GROF e GROF, CRISTINA. *A tempestuosa busca do ser*. São Paulo, Cultrix, 1994.
64. STRUSBERG, R. M. e BAZAN, B. F. Sicodrama en um grupo de pacientes com Artritis Reumatoidea. *Cuadernos de Psicoterapia*. Buenos Aires, Genitor, 1979, pp. 114, 118, 119, 121.
65. WAINTROB NUDEL, BENJAMIN. *Moreno e o hassidismo. Princípios e fundamentos do pensamento filosófico do criador do psicodrama*. São Paulo, Ágora, 1994.
66. WATZLAWICK, P.; BEAVIN, J. H.; KACKSON, D. D. *Pragmática da Comunicação Humana. Um estudo dos padrões patológicos e paradoxos da interação*. São Paulo, Cultrix, 1967, p. 72.
67. WILBER, KEN. *Transformação da consciência*. São Paulo, Cultrix, 1999.
68. WITTKOWER, E. D., e CLEGHORN, S. A. *Progresos en medicina psicossomática*. Buenos Aires, Eudeba, 1996, pp. XI a XIII.

Foto: Gloria Flügel

CHRISTINA A. FREIRE é psicóloga clínica e psicodramatista pelo Instituto Sedes Sapientiae. Desde a década de 80 ela passou a se interessar pela relação corpo-mente e, em especial, pela aplicação do psicodrama nessa interação.

Seus estudos e pesquisas conduziram-na ao território da psicossomática, especialização na qual vem conquistando um espaço importante. Principalmente ao aproximar duas categorias profissionais que nem sempre têm trabalhado em harmonia: médicos e profissionais psi.

O resultado foi a criação do somatodrama, que ela leciona e supervisiona para grupos no Brasil, no Chile, no México e na Argentina.

Christina é docente de psicossomática na Escola Paulista de Psicodrama, criadora do curso de especialização "Psicossomática com enfoque psicodramático" para profissionais da área de saúde, além de professora-supervisora e terapeuta de aluno credenciada pela Federação Brasileira de Psicodrama.

IMPRESSO NA
sumago gráfica editorial ltda
rua itauna, 789   vila maria
02111-031   são paulo   sp
telefax 11 **6955 5636**
sumago@terra.com.br

Leia também

ANOREXIA E BULIMIA
Julia Buckroyd

Nos últimos 25 anos, a anorexia e a bulimia transformaram-se em endemias entre os jovens do mundo ocidental. O livro traz informações atualizadas sobre o assunto, que ainda é pouco conhecido e que atinge uma enorme camada de jovens entre 15 e 25 anos de idade. A autora esclarece como a sociedade e a cultura colaboram com a criação dessas doenças, descreve os sintomas, as conseqüências e também como ajudar no âmbito familiar e profissional. REF. 20710.

ESTRESSE
Rochelle Simmons

Informações de caráter prático sobre este "mal do século" tão citado e pouco entendido. Descreve a natureza do estresse, técnicas de relaxamento e respiração, ensina a acalmar os sentidos e a gerenciar o estresse de forma positiva. REF. 20708.

A EXTERIORIZAÇÃO DO MUNDO INTERIOR
O psicodrama e a teoria das relações objetais
Paul Holmes

Psicanalista e psicodramatista, o autor apresenta uma introdução à teoria das relações objetais e seu vínculo com o psicodrama. Ele mostra como as duas escolas de pensamento podem se complementar através de uma síntese singular por ele proposta. Cada capítulo abre com a descrição de uma parte da mesma e única sessão de psicodrama. Indicado não só para psicodramatistas como também para profissionais que trabalham com grupos em empresas, escolas, hospitais etc. REF. 20523.

GERONTODRAMA: A VELHICE EM CENA
Elisabeth Maria Sene Costa

A autora, médica-psiquiatra e psicodramatista, vem atuando há mais de 15 anos com idosos. Aos poucos foi agregando uma série de abordagens às técnicas do psicodrama imprimindo um cunho pessoal ao seu trabalho, que batizou de gerontodrama. O livro, que também apresenta os aspectos conceituais e clínicos do envelhecimento, é um guia completo para quem quer seguir essa especialização, ou para qualquer pessoa com curiosidade sobre o envelhecer. A apresentação é de José de Souza Fonseca Filho. REF. 20647.

RECONSTRUINDO UMA VIDA
Os caminhos do corpo e da alma ao longo de um transplante de fígado
Gerónima Aznar e Edith M. Elek

É a narrativa sincera e comovente da autora sobre sua própria experiência, desde a descoberta do câncer no fígado, até um ano após o transplante, única alternativa para o seu caso. Paralelamente ao tratamento, Gerónima fez terapia de apoio promovendo transformações em sua vida, e esse trabalho é comentado pela terapeuta ao longo do livro. Uma leitura emocionante para se refletir sobre a questão corpo-mente. REF. 20501.

SOBREVIVÊNCIA EMOCIONAL
As dores da infância revividas no drama adulto
Rosa Cukier

Série de artigos que enfoca um tema emergente e pouco analisado, o "borderline". A partir de uma experiência pessoal familiar, a autora desenvolveu um trabalho que abrange a "criança ferida", os processos narcisísticos e os dissociativos. A abordagem é psicodramática, mas se aplica a diversas formas de terapia. Útil e tocante, ele serve tanto ao profissional quanto às pessoas envolvidas com tais pacientes. REF. 20540.

O SOL SEMEAREI EM MINHAS TERRAS
Uma história de vida e de transformação
Gioia Panozzo

Relato tocante de uma mulher italiana que enfrentou várias tragédias em sua história pessoal e como as superou, despertando para a vida e para o trabalho de semear em outras terras a luz que a inundou. A Bahia, onde ela está fundando um centro, é um dos locais escolhidos por Gioia para ensinar e praticar seus conhecimentos, respondendo a um chamamento de sua intuição. Para ler, se emocionar e crescer. REF. 20713.

TEATRO PEDAGÓGICO
Bastidores da iniciação médica
Arthur Kaufman

Essa obra baseia-se no trabalho desenvolvido pelo autor na Faculdade de Medicina da USP. Utilizando o psicodrama, é dada a oportunidade ao estudante de vivenciar os papéis de médico, de paciente e os outros papéis a ele vinculados, o que o conduz a *insights* sobre desempenhos e sobre a questão da vocação. Excelente livro de referência de aplicação do psicodrama pedagógico na educação, além de reflexão sobre o papel do médico. REF. 20402.

------- dobre aqui -------

Carta-resposta
9912200760/DR/SPM
Summus Editorial Ltda.
CORREIOS

CARTA-RESPOSTA
NÃO É NECESSÁRIO SELAR

O SELO SERÁ PAGO POR

AC AVENIDA DUQUE DE CAXIAS
01214-999 São Paulo/SP

------- dobre aqui -------

O CORPO REFLETE O SEU DRAMA

CADASTRO PARA MALA-DIRETA

Recorte ou reproduza esta ficha de cadastro, envie completamente preenchida por correio ou fax, e receba informações atualizadas sobre nossos livros.

Nome: _____ Empresa: _____
Endereço: ☐ Res. ☐ Coml. _____ Bairro: _____
CEP: _____ - _____ Cidade: _____ Estado: _____ Tel.: ( ) _____
Fax: ( ) _____ E-mail: _____ Data: de nascimento: _____
Profissão: _____ Professor? ☐ Sim ☐ Não Disciplina: _____

1. Você compra livros:
☐ Livrarias ☐ Feiras
☐ Telefone ☐ Correios
☐ Internet ☐ Outros. Especificar: _____

2. Onde você comprou este livro? _____

3. Você busca informações para adquirir livros:
☐ Jornais ☐ Amigos
☐ Revistas ☐ Internet
☐ Professores ☐ Outros. Especificar: _____

4. Áreas de interesse:
☐ Psicologia ☐ Comportamento
☐ Crescimento Interior ☐ Saúde
☐ Astrologia ☐ Vivências, Depoimentos

5. Nestas áreas, alguma sugestão para novos títulos?
_____

6. Gostaria de receber o catálogo da editora? ☐ Sim ☐ Não

7. Gostaria de receber o Ágora Notícias? ☐ Sim ☐ Não

Indique um amigo que gostaria de receber a nossa mala-direta

Nome: _____ Empresa: _____
Endereço: ☐ Res. ☐ Coml. _____ Bairro: _____
CEP: _____ - _____ Cidade: _____ Estado: _____ Tel.: ( ) _____
Fax: ( ) _____ E-mail: _____ Data de nascimento: _____
Profissão: _____ Professor? ☐ Sim ☐ Não Disciplina: _____

Editora Ágora
Rua Itapicuru, 613 7º andar 05006-000 São Paulo - SP Brasil Tel. (11) 3872-3322 Fax (11) 3872-7476
Internet: http://www.editoraagora.com.br   e-mail: agora@editoraagora.com.br